O IMPÉRIO DA ORDEM

FLÁVIO HENRIQUE DIAS
SALDANHA

O IMPÉRIO DA ORDEM

GUARDA NACIONAL, CORONÉIS E BUROCRATAS EM MINAS GERAIS NA SEGUNDA METADE DO SÉCULO XIX (1850-1873)

editora
unesp

© 2013 Editora UNESP

Direitos de publicação reservados à:
Fundação Editora da UNESP (FEU)

Praça da Sé, 108
01001-900 – São Paulo – SP
Tel.: (0xx11) 3242-7171
Fax: (0xx11) 3242-7172
www.editoraunesp.com.br
www.livraria.unesp.com.br
feu@editora.unesp.br

CIP – BRASIL. Catalogação na publicação
Sindicato Nacional dos Editores de Livros, RJ

S154i

Saldanha, Flávio Henrique Dias
    O império da ordem: guarda nacional, coronéis e burocratas em Minas Gerais na segunda metade do século XIX (1850-1873) / Flávio Henrique Dias Saldanha. São Paulo: Editora Unesp, 2013.

    Recurso digital; il.

    Formato: ePDF
    Requisitos do sistema: Adobe Acrobat Reader
    Modo de acesso: World Wide Web
    ISBN 978-85-393-0476-9 (recurso eletrônico)

    1. Classes sociais – Minas Gerais – História – Século XIX. 2. Livros eletrônicos.   I. Título.

13-04653
                                        CDD: 305.56
                                        CDU: 316.343-058.14

Este livro é publicado pelo projeto Edição de Textos de Docentes e Pós-Graduados da UNESP – Pró-Reitoria de Pós-Graduação da UNESP (PROPG) / Fundação Editora da UNESP (FEU)

Editora afiliada:

Asociación de Editoriales Universitarias
de América Latina y el Caribe

Associação Brasileira de
Editoras Universitárias

À memória de meus pais

SUMÁRIO

Apresentação

O Império da Ordem alinha-se à publicação anterior, *Os Oficiais do Povo* (Annablume/Fapesp, 2006), conferindo completude a um amplo projeto de conhecimento da atuação da Guarda Nacional ao longo do Império brasileiro na forma como proposto por Flávio Saldanha. Alinhamento que se dá no objetivo de buscar a compreensão das relações sempre tensas entre os poderes central e local, ou melhor entre o poder de Império e os inúmeros poderes locais que perpassam as instituições políticas no Brasil do século XIX. No caso específico, como indicado no título, o foco dirige-se aos esforços despendidos para a manutenção da ordem, ou melhor, para o lugar da Guarda Nacional, passados os anos críticos da Regência e da pacificação ocorrida nos primeiros anos do II Reinado.

A primeira pesquisa teve por parâmetros temporais os anos de 1831 a 1850; esta visa o período que vai de 1850 a 1873, ainda que recorra aos "'sacrifícios' feitos pelo coronel-comandante superior da Guarda Nacional de Mariana durante a rebelião de 1842" para demonstrar a assertiva do carisma como componente fundamental à liderança exercida por indivíduos "superiores" e "soberanos", tendo em vista a forma litúrgica corroborada pela honra e obrigação, valores incutidos e reconhecidos como primordiais à compreensão da instituição.

De todo modo, são dois períodos distintos no âmbito da Guarda Nacional, tendo em vista as alterações realizadas quanto à forma de recrutamento. O sistema eleitoral em vigor no primeiro período para escolha dos oficiais comandantes foi abolido, sendo implantada regra que previa a nomeação pelos presidentes de província a partir de propostas dos comandantes locais, de forma a favorecer os alinhamentos políticos então desejados, além de reforçar o poder de potentados locais. A considerar, ainda, as tensões advindas de um Exército em formação – em especial em meio à Guerra do Paraguai – frente à instituição anterior da Guarda Nacional, elemento de desestabilização, que colaborou para a culminância da reforma de 1873, com a consequente retirada das obrigações militares das milícias, que passaram a ter somente caráter político. Ou seja, ocorreu, nesse momento, uma mudança essencial aos significados que haviam alimentado a Guarda Nacional em sua relação com o Império no período anterior.

Tal mudança é central à análise de Saldanha, na perspectiva de trabalhar com rupturas e continuidades em termos locais, ou seja, com a efetividade na aplicação das alterações promovidas e, mesmo, no alcance ou não das decisões, para o caso específico que delimita. A partir de ampla base documental manuscrita e impressa – Inventários *post mortem,* processo-crime, relatórios de Presidentes de Província e outros – analisa a permanência do prestígio conferido e socialmente reconhecido aos oficiais da Guarda Nacional no Município de Mariana, Minas Gerais, província de maior população livre e escrava do Brasil de então. Trata-se das mediações que vinculavam o Paço Imperial, proprietários rurais e população, a partir dos serviços prestados gratuitamente ao Império. O prestígio – traduzido em carisma –, não somente, mas em grande parte local, nem sempre era conquistado e/ou exercido sem conflitos, mas, em geral, mediado pela negociação e, também, pelo favor. O trabalho de Flávio adentra os mecanismos de exercício do poder pessoal – que se impõe não somente pela riqueza, mas também pelo pertencimento a uma estrutura de poder e pelo prestígio que lhe é aderente. Negociação e conciliação foram conceitos fundamentais para a recuperação e reflexão sobre as tramas envolvidas no exercício de poder em suas diferentes instâncias, encaminhando a conclusão de que prevaleceu a procura de pessoas que pudessem exercer o oficialato, ou seja, além dos cabedais, as "qualidades excepcionais", ou seja, a capacidade de liderança em seu meio social, a ser traduzida em comando na Guarda Nacional, na cadeia de subordinação que a corporação formava. Ao final, em termos exemplificadores, Saldanha procura recompor parte da trajetória de vida do capitão da Guarda Nacional Vicente de Paula Bernardino – também advogado e curador de órfãos –, que teria seduzido e passado a viver com a mulher de Francisco José de Almeida Machado, também capitão. Para além das questões de ordem privada, foram envolvidas outras de ordem pública – o que pesava sobre a vida do acusado o tornava inapto para a coisa pública, além da acusação de outros delitos cometidos como curador de órfãos –, realçando-se que a injúria mais grave envolvia assuntos relacionados à honra, com que o acusador procurava desmoralizar o acusado. A análise das peças e testemunhos que compõem o processo é realizada no sentido de adentrar o cotidiano local, em seus conflitos, como forma de nele visualizar os mecanismos de negociação e conciliação presentes, além do reconhecimento da existência da "violência [como] entranhada no meio social", de forma que a acusação inicial – de ordem privada – perde-se em meio às demais acusações e testemunhos que expõem o ataque à pessoa em função do lugar de destaque que ocupa na sociedade, reconhecido pelo autor como excepcional em relação aos "demais notáveis do local". A questão da "excepcionalidade" ganha, dessa forma, destaque como explicação para a ocupação de cargos e exercício de poder no seio da Guarda Nacional.

No seu conjunto, Os Oficiais do Povo e O Império da Ordem colaboram para aproximações possíveis às experiências vividas pelos homens que fizeram parte da Guarda Nacional em seus diferentes e diferenciados escalões e posições, contribuindo para uma melhor compreensão das estruturas políticas de poder que circularam pela sociedade no Império brasileiro. Boa leitura.

Marcia Regina Capelari Naxara
agosto de 2013

Introdução

Em dissertação de mestrado defendida na Faculdade de História, Direito e Serviço Social da Universidade Estadual Paulista "Júlio de Mesquita Filho", publicada pela Annablume, tivemos como foco de análise os milicianos civis que se elegeram oficiais da Guarda Nacional no termo de Mariana, província de Minas Gerais, no período compreendido entre 1831 e 1850 (Saldanha, 2006). Naquele momento, procuramos demonstrar que o sistema eleitoral para a edilidade dos oficiais da corporação civil atuava como um mecanismo de medida do prestígio social dos oficiais civis, em meio a uma sociedade caracterizada pela indistinção entre os patrimônios público e privado e, de certa forma, avessa aos critérios de ordenação racional e impessoal. Critérios que, segundo Maria Sylvia de Carvalho Franco (1997, p.130-1), justificavam-se pela debilidade das finanças públicas que, por sua vez, impediam a expropriação dos recursos públicos da administração por meio de uma compensação salarial paga ao funcionário estatal.

Nesse sentido, a Guarda Nacional, criada pelos liberais moderados durante a Regência, seria aquela milícia responsável pela prestação de serviços sob a forma de liturgias; ou seja, a prestação de serviços não remunerados e com recursos próprios, baseados na noção de honra social e obrigações para com o soberano, cuja troca, em favor de tais fidelidades, fazia-se sob a concessão de dádivas, honras e mercês. A criação de corpos da milícia civil em todo o território do Império brasileiro promoveu, de acordo com a opinião de Fernando Uricoechea (1978, p.131), a militarização da sociedade local, a medida que os súditos, tornados guardas nacionais, supriram a falta de funcionários públicos necessários para a consecução racional e ordenada do poder político, por meio da "execução de funções estatais e de organização política da sociedade civil".

Compunham as fileiras da milícia civil todos aqueles súditos que possuíssem o *status* de cidadãos ativos, a saber, todos aqueles que tivessem a mínima condição financeira para votar e ser votados nas eleições primárias. A escolha do oficialato da corporação processava-se por meio de eleições, sendo os oficiais escolhidos pelos próprios milicianos civis. No entanto, as eleições para o oficialato da guarda foram, desde cedo, duramente criticadas pelas autoridades, porquanto o escrutínio individual e secreto poderia ser potencialmente perigoso para uma sociedade que, assentada no regime escravo, via indivíduos não brancos, destituídos de *status* social, exercerem postos de liderança. Isto sem mencionar o provável escândalo de um "fidalgo" assentar praça em uma companhia ou batalhão composto por modestos tropeiros, lavradores ou carpinteiros. Atrelada a esses fatores, havia ainda a possibilidade, conforme aventou Sérgio Buarque de Holanda (in: Castro, 1977, p.xx), de um liberto vir a comandar seu ex-senhor.

A esse respeito, Fernando Uricoechea (1978, p.140-1, grifo do autor) explica:

> O princípio eletivo habitualmente está em oposição à seleção de *honoratiores* militares, *uma vez que favorece a seleção de indivíduos através de critérios corporativos que nem sempre estão necessariamente em formalidade com as qualidades atribuídas aos notáveis locais ou às exigências de uma liderança amadorística.*

Entretanto, a partir da segunda metade do século XIX, verificou--se o fim dos movimentos "perturbadores da ordem" que haviam germinado durante a Regência e nos primeiros anos do Segundo Reinado. O Império brasileiro encontrava-se de todo pacificado internamente, com os embates realizando-se na arena política que lhe era própria, e o Exército começava a ganhar importância e projeção, principalmente a partir dos conflitos externos na região platina. A corporação civil, consequentemente, deixou de ser entrevista pelas autoridades imperiais como o principal agente na pacificação interna.

Desse modo, os políticos conservadores, em especial os saquaremas da província fluminense, no seu afã centralizador, reformaram a Guarda Nacional por meio da Lei nº 602, de 19 de setembro de 1850, na qual, entre outras determinações, foi abolido o sistema eleitoral, de forma que os oficiais, daí em diante, passaram a ser nomeados pelos presidentes das províncias mediante propostas encaminhadas pelos comandantes locais. Mais do que um mero capricho jurídico, a nomeação tinha por finalidade, além de romper com o ranço democrático que a lei de agosto de 1831 criara, reafirmar uma hierarquização no interior da corporação, atrelada ainda ao fato de reforçar as linhas divisórias dos "mundos" da sociedade imperial (Mattos, 1999, p.162). Nesse sentido, as autoridades imperiais esperavam favorecer a indicação de indivíduos que estivessem alinhados "com as qualidades atribuídas aos notáveis locais ou às exigências de uma liderança amadorística", numa clara alusão à instrumentalização da milícia como força política.

Todavia, no período em que vigoraram as eleições, estas privilegiaram a seleção de milicianos que desfrutavam de prestígio social entre seus pares, próprio de um processo eleitoral que distinguia indivíduos que demonstrassem possuir bom êxito e excepcionalidade individuais no momento da realização do pleito eleitoral. Assim, o prestígio social era uma variável decisiva no momento em que eram realizadas as eleições do oficialato da Guarda Nacional e, segundo o conhecimento e análise de Max Weber (1982, p.286 e ss.) sobre o líder carismático, os oficiais eleitos demonstrariam, por assim dizer, a força de seu carisma.

Dito em outras palavras, os milicianos civis eleitos oficiais configuravam-se como líderes carismáticos, de modo que a legitimidade de sua autoridade provinha de uma superioridade pessoal baseada no bom êxito individual. Desde já salientamos que o carisma é utilizado aqui no sentido de que os oficiais da Guarda Nacional apareciam aos seus subordinados como personalidades excepcionais e, em alguns casos, espetaculares. Personalidades que, mesmo com a abolição do pleito eleitoral em 1850, continuavam, de certo modo, a demonstrar possuir carisma, pois o líder carismático deve provar-se como tal perante seus pares, sob pena de descrédito na sua autoridade (ibidem, p.287).

Atendo-nos especificamente à temática do carisma e suas nuanças, devemos levar em consideração, de acordo com Raoul Girardet (1987, p.17), o imaginário e os mitos políticos que norteiam a sociedade, notadamente com relação àqueles mitos sobre o herói providencial, comumente associado a símbolos de purificação e a imagens de luz e de verticalidade. Na análise de Girardet (ibidem, p.71), os mitos políticos operam um processo de heroificação que tem como consequência a transmutação do real e sua absorção no imaginário coletivo da sociedade.

Sendo assim, quais seriam os mitos políticos a operacionalizar a heroificação dos oficiais da Guarda Nacional? É possível, desse modo, entrever e afirmar que os oficiais da corporação civil eram heróis portadores de carisma?

Com base nestas e em outras questões, procuramos focalizar "com lentes mais poderosas"[1] a Guarda Nacional em Minas Gerais no período posterior à abolição do sistema eleitoral em 1850, até a sua reforma em setembro de 1873. A cronologia justifica-se por dois motivos: o primeiro porque, segundo Fernando Uricoechea (1978, p.140), Minas Gerais foi a última província do Império a manter pleito eleitoral para a escolha do seu oficialato. A segunda justificativa diz respeito à própria organização da corporação nessa província: por ocasião da reforma de 1873, todas as obrigações militares da milícia forma retiradas, conferindo-lhe, consequentemente, um caráter puramente político. no entanto, a estrutura organizacional

---

1 Expressão tomada de empréstimo a Carvalho, 2003, p.249.

da Guarda Nacional encontrava-se em algumas localidades da província mineira sob o modelo anterior a 1850 (Faria, 1977, p.37).

Ademais, o exame "com lentes mais poderosas" visa a esmiuçar, uma vez abolido o sistema eleitoral em setembro de 1850, como vieram a se constituir e a manifestar as qualidades consideradas carismáticas não apenas no interior da milícia, mas igualmente no âmbito da sociedade e da administração locais. Dessa forma, os oficiais da Guarda Nacional, na condição de autoridades diletantes, ou melhor, autoridades amadoras, civis, eram vistos como portadores naturais de liderança e responsabilidade de comando, mediante um processo de heroificação que privilegiava a detenção das virtudes individuais que eles demonstrassem, e não apenas a posse de uma identidade particular, mas também êxito pessoal entre seus pares (Mendes, 1997, p.193). Além disso, devemos levar em consideração que a sociedade ora abordada não tinha limites bastante precisos entre as esferas pública e particular.

Pretendemos analisar o prestígio social dos milicianos civis que foram nomeados oficiais da milícia por meio de propostas encaminhadas aos presidentes da província de Minas Gerais pelos comandantes locais, em especial os comandantes da Guarda Nacional do município de Mariana. A razão para a escolha dessa municipalidade justifica-se pelo fato de a localidade possuir uma grande concentração de cativos. Isto, no contexto de uma província como Minas Gerais, que detinha a maior população escrava de todo o Império. Sendo assim, se a posse de escravos era um dos critérios de medição da constituição de fortunas e, muito provavelmente, de prestígio social, o município de Mariana destaca-se como um local especialmente qualificado para a análise proposta (Saldanha, 2006, p.23).

No que diz respeito à escolha do oficial da milícia, claro está que a nomeação recaía preferencialmente sobre indivíduos de reconhecido prestígio socioeconômico e fidelidade político-partidária. No entanto, interessa-nos destacar a ratificação e/ou autoatribuição de prestígio social no momento em que um indivíduo era nomeado oficial da Guarda Nacional, bem como o grau de visibilidade social auferido por esses oficiais (Faria, 1977, p.36).

Configura-se, desse modo, uma situação particularmente interessante, pois a nomeação de um oficial encontrava-se imbuída, de um lado, por um imaginário político-social que enfatizava o caráter pessoal e excepcional do indivíduo e, por outro, pela exigência de racionalização e burocratização dos encargos públicos. Exigência, por sua vez, limitada pelas débeis finanças orçamentárias, incapazes de expropriar os notáveis locais dos recursos públicos do Estado mediante uma compensação salarial. Do embate entre público e particular, entre administração honorária e burocrática na formação e consolidação do Estado brasileiro no século XIX, o prestígio social dos oficiais da Guarda Nacional constitui, portanto, uma rica variante de análise, posto que a abolição do sistema eletivo em 1850 cristalizaria ainda uma possível estilização da seleção de indivíduos, considerados portadores naturais de liderança e de responsabilidade de comando na corporação.

1
DISTRIBUIÇÃO DE (EN)CARGOS E FIDELIDADES: A DIFÍCIL ARTE DE BARGANHAR, COOPTAR E PACTUAR

Negociação e conciliação: os limites da autoridade governamental

O ano é 1854. O vice-presidente da província de Minas Gerais descreve, com certa apreensão e indignação, a situação da segurança individual da província no seu relatório dirigido à Assembleia Legislativa provincial. Eis seu relato:

Ao zelo do digno chefe de polícia deve-se o feliz êxito de algumas diligências para a prisão de criminosos de horríveis atentados, não sendo possível até agora a captura de outros que continuam a assustar os pacíficos habitantes de alguns lugares, onde se acoitam abrigados por indivíduos poderosos, levados por sentimentos de mal entendida generosidade. *É deplorável que a malvadez seja protegida com detrimento da paz das famílias, e com escândalo da moralidade pública. Ninguém ousaria afrontar a força e prestígio da autoridade, se não contasse com o pernicioso apoio dos influentes da localidade que preferem um nome entre as mãos à reputação de sustentáculos da justiça!* A força torna-se indispensável, sendo necessário travar luta de morte com esses que insultam a moral pública comovidos pelas lágrimas do crime incorrigível e ameaçador. Quando os mineiros se convencerem de que é do seu interesse primário a manutenção da justiça em todos os seus atos para que sejam plenamente respeitados os direitos de todos, então em vista dos auxílios simultâneos prestados às autoridades dentro da órbita de seus deveres, será a segurança individual uma feliz realidade nesses lugares distantes da ação protetora da civilização [...].(Relatório do Presidente da Província [RPP] José Lopes da Silva Viana, 1854, grifo do autor)

Por esse relatório vemos que, apesar da ação policial conseguir prender "criminosos de horríveis atentados", outros delitos continuaram a "assustar os pacíficos habitantes de alguns lugares". Todavia, a captura de tais foragidos da justiça era dificultada pela imensa extensão territorial da província mineira e pela falta de força policial suficiente para a captura e escolta dos presos às cadeias. De certo modo, a ação das forças policiais no Brasil imperial encontrava-se mais próxima da manutenção da ordem nas ruas e do controle daqueles comportamentos considerados pelas autoridades da época como perniciosos, do que propriamente da prevenção e combate a crimes violentos. Dito em outras palavras, "prender ladrões e assassinos implicaria trabalho especializado; prender desordeiros e pessoas bêbadas descumprindo normas ou cometendo pequenas infrações era mais fácil" (Vellasco, 2007, p.258).

Pelo mesmo relatório, constatamos a dificuldade na captura de criminosos, que se devia, antes de tudo, à proteção e à tutela promovidas por "indivíduos poderosos", que segundo o executivo provincial, guiavam-se "por sentimentos de mal entendida generosidade". Nesse aspecto, a autoridade do Estado era sobrepujada por lideranças locais, "que preferem um nome entre as mãos à reputação de sustentáculos da justiça", em declarado "escândalo da moralidade pública".

Em que pese a carga dramática implícita nas entrelinhas do relatório provincial, evidenciamos, por assim dizer, um vivo limite a "força e prestígio da autoridade", imposto pelos "influentes da localidade" pela razão direta de seus interesses particulares. Sendo assim, destaca-se a ausência de um monopólio do governo provincial mineiro em particular, e arriscamos dizer, do Estado imperial brasileiro em geral. Um monopólio que na acepção de Max Weber, a respeito da constituição do poder e da legitimidade da autoridade governamental, era essencial à própria existência do Estado, o monopólio da violência. Nas palavras de Weber (2004, p.57):

> Tal como todos os agrupamentos políticos que historicamente o precederam, o Estado consiste em uma relação de dominação do homem sobre o homem, fundada no instrumento da violência legítima (isto é, da violência considerada como legítima). O Estado só pode existir, portanto, sob condição de que os homens dominados se submetam à autoridade continuamente reivindicada pelos dominadores.

Mesmo com uma relativa ausência da "condição de que os homens dominados se submetam à autoridade continuamente reivindicada pelos dominadores", o relatório argutamente aponta para a necessidade de uma confluência de interesses entre o executivo provincial e os próceres locais, desde, é claro, que tais interesses estejam "dentro da órbita de seus deveres".

Desse modo, exorta a mesma autoridade provincial para o dia em que os mineiros se convençam "de que é do seu interesse primário a manutenção da justiça em todos os seus atos", pois, dessa forma, "será a segurança individual uma feliz realidade nesses lugares distantes da ação protetora da civilização". Entretanto, para a "feliz realidade [...] da ação protetora da civilização" se concretizar efetivamente nos longínquos recantos, era necessário fazer uso de uma intensa negociação, haja vista que o monopólio da coerção legítima não era, naquele momento, uma exclusividade do Estado imperial brasileiro.

A esse respeito, convém lembrar que:

> Toda empresa de dominação que reclame continuidade administrativa exige, de um lado, que a atividade dos súditos se oriente em função da obediência devida aos senhores que pretendem ser

os detentores da força legítima e exige, de outro lado e em virtude daquela obediência, controle dos bens materiais que, em dado caso, se tornem necessários para aplicação da força física. Dito em outras palavras, a dominação organizada necessita, por um lado, de um estado-maior administrativo e, por outro lado, necessita dos meios materiais de gestão. (Weber, 2004, p.59)

Contudo, na formação e organização estatal brasileira do século XIX faltava tanto um corpo administrativo comprometido com os interesses do serviço público quanto os "meios materiais de gestão". Maria Sylvia de Carvalho Franco (1997, p.130), no seu estudo sobre os homens livres e pobres do termo de Guaratinguetá, afirma justamente que a debilidade das finanças públicas do Império constituiu o principal entrave para a burocratização e, consequentemente, a racionalização dos misteres administrativos do governo: a expropriação do funcionário dos recursos públicos do Estado.

Uma vez que o servidor não era subordinado por uma compensação salarial, na clássica análise da burocracia empreendida por Weber,[1] o desempenho de suas funções dependia, essencial e fundamentalmente, da sua boa vontade. Além disso:

O verdadeiro funcionário não deve fazer política exatamente devido à sua vocação: deve administrar, antes de tudo, de forma não partidária. Esse imperativo aplica-se igualmente aos ditos funcionários "políticos", ao menos oficialmente e na medida em que a "razão de Estado", isto é, os interesses vitais de ordem estabelecida não estão em jogo. Ele deve desempenhar sua missão *sine ira et studio*, "sem ressentimento e sem preconceitos". Não deve, em consequência, fazer o que o homem político, seja o chefe, sejam os seguidores, está compelido a fazer incessante e necessariamente, isto é, *combater*. (Weber, 2004, p.78-9, grifo no original)

---

1 Segundo Weber (1982, p.238), um dos pressupostos da burocracia é, exatamente, "o desenvolvimento da economia monetária, na medida em que uma compensação pecuniária aos funcionários é possível [...]".

Porém, o servidor do tipo patrimonial exercia suas funções exatamente como um homem político, ou propriamente um chefe político. Tomar partido, lutar, apaixonar-se – *ira et studio* – ser- -lhe-iam características inerentes (ibidem, p.79). Sendo assim, da mesma forma que a paixão política norteava a ação do empregado, ela também nortearia a sua escolha. A esse respeito, a seleção dos funcionários pautava-se mais por razões pessoais do que por critérios racionais e legais, como bem denunciava o ofício dirigido pelo juiz de direito da cidade de Ouro Preto, outrora capital da província de Minas Gerais, ao presidente desta: "Não se admite V. Ex. desta informação, por que *há muito tempo os empregos nesta província são conferidos sem atenção ao serviço público, sendo distribuídos unicamente como meios de subsistência"* (RPP, Joaquim Saldanha Marinho, 1867, anexo 4, grifo no original).

A racionalidade e a impessoalidade na gestão da coisa pública seriam, de certa forma, marcas estranhas para uma sociedade em que, na maioria das vezes, a sede administrativa do governo era a varanda da própria fazenda ou do sobrado urbano. Este, na verdade, uma extensão da própria morada rural (Freyre, 2002). Em vez dessas características, assistiu-se à cordialidade no trato e na administração das finanças públicas, conforme faz notar Sérgio Buarque de Holanda (1995, p.146-7):

> A lhaneza no trato, a hospitalidade, a generosidade, virtudes tão gabadas por estrangeiros que nos visitam, representam, com efeito, um traço definido do caráter brasileiro, na medida, ao menos, em que permanece ativa e fecunda a influência ancestral dos padrões de convívio humano, informados no meio rural e patriarcal.

Como bem alerta Holanda (ibidem, p.147), a cordialidade, nossa marca indelével, não pode ser confundida como sinônimo de boas maneiras, civilidade. A cordialidade significaria uma intimização das relações sociais. Uma intimização cujo uso cotidiano de diminutivos e o tratamento pelo prenome, ao invés do sobrenome familiar, por exemplo, revelava de forma bastante sintomática a imprecisão dos limites entre o público e o privado na vida política brasileira do século XIX.

Devemos tomar cuidado para não entrever tal imprecisão como um gravame fixo a impedir a formação de um Estado minimamente organizado e burocratizado. Ademais, aquele que se arrisca a compreender e a analisar a constituição ao sul do Equador, do Estado imperial brasileiro, deve tomar ainda outro cuidado. Afinal, tal constituição não foi decorrente de um processo unilateral e uniforme ao longo dos Oitocentos. Pelo contrário, no processo de formação e constituição do aparato estatal brasileiro no século XIX, conforme alerta Fábio Faria Mendes (1997, p.111), ocorreu um curso sinuoso da expansão das capacidades administrativas, pautadas por um vagar das conversações complexas com os proprietários rurais escravistas.

A relativa ausência de uma compensação salarial que subordinasse o servidor às instâncias burocráticas da administração obrigou os dirigentes imperiais a fazer uso do diletantismo dos notáveis locais. Porém, a capacidade de execução das tarefas dependia da boa vontade desses últimos.

Desse modo, desenvolveu-se no Brasil oitocentista:

> [...] um modelo clientelar de relações entre centro e periferia, sobreposto às redes hierárquicas formais, sustentado por um sistema de trocas cujas principais "moedas" serão fidelidades, honras e mercês. As tradições interpretativas do pensamento brasileiro que veem um "estamento burocrático" ou, ao contrário, um domínio inconteste dos poderes privados, *perdem de vista a radical contingência que marca a ordem baseada na administração honorária.* (ibidem, p.150, grifo do autor)

Por conseguinte, negociar e conciliar seriam verbos intensamente empregados nas relações entre o Paço imperial e o senhoriato agrário. E a arte de pactuar seria uma articulada e delicada necessidade, principalmente para aqueles ermos e distantes sertões em que "a fraqueza da ação do governo em lugares remotos, em que ela mal se sente, e onde não se podem empregar outros meios que não sejam os de brandura, e quase condescendência".[2] Nesse sentido, no que diz respeito aos acordos e alianças tácitas, José Murilo de Carvalho (2003, p.42) afirma:

Valores e linguagens comuns tornaram possível um acordo básico sobre a forma de organização do poder. Houve tendências mais ou menos descentralizantes, mais ou menos democráticas, mais ou menos monárquicas, mas as divergências não iam além dos limites estabelecidos pela manutenção da unidade nacional, pelo controle civil do poder, pela democracia limitada dos homens livres. O acordo básico permitiu o processamento não traumático dos conflitos constitucionais relativos à organização do poder, e também dos conflitos substantivos oriundos do choque de interesses materiais. Assim, por exemplo, foi constante a manifestação dentro da elite, de conflitos entre setores da propriedade rural – como ficou patente nas discussões sobre a lei de terras e sobre a abolição da escravatura – sem que isso colocasse em perigo o sistema.

Tendo em vista não apenas as considerações de Carvalho, mas também de toda a literatura pertinente ao assunto aqui abordado, Miriam Dolhnikoff (2005, p.291) observa:

[...] no Brasil do século XIX as tensões entre governos regionais e governo central, se foram constantes, foram resolvidas por meio da negociação e da conciliação, de acordo com a ordem institucional, tendo por espaço privilegiado a Câmara dos Deputados. É verdade que em alguns poucos episódios elites provinciais pegaram em armas para impor sua vontade (foi o caso da Farroupilha, da revolta liberal de 1842 e da Praieira), mas, derrotadas militarmente,

---

2 *Relatório apresentado à Assembleia-Geral Legislativa na segunda sessão ordinária da oitava legislatura, pelo ministro e secretário de Estado dos Negócios da Justiça, Eusébio de Queiroz Coutinho Mattoso Câmara*, 1850 (apud Mendes, 1997, p.156).

aceitaram o jogo da negociação para buscar o atendimento de seus interesses, episódios que não foram exclusivos do caso brasileiro: basta lembrar a guerra civil norte-americana.[3]

Apesar de negociação e conciliação serem regras no tabuleiro político-institucional, convém lembrar que a administração do tipo honorário seria fonte de constantes e imprevisíveis problemas para os dirigentes imperiais, em vista do grau dos conflitos de interesses, bem como da ojeriza às funções a serem desempenhadas pelos senhores locais. Afinal, eram suas as despesas a serem arcadas. Seu o tempo a ser despendido. E seus os escravos e/ou agregados necessários para a construção ou reparação de estradas, pontes e cadeias (Franco, 1997, p.131).

Julgamos que a ausência de uma eficiente capacidade reguladora fez que a prestação – patrimonial e litúrgica – se convertesse no principal meio de que o Estado imperial brasileiro dispunha para o desempenho dos misteres administrativos de governo. De modo geral, definimos liturgias como formas de prestação de tarefas com recursos próprios. E ainda, o desempenho dessas tarefas se processava voluntariamente sem qualquer tipo de remuneração, a não ser mediante uma constante negociação pela qual eram retribuídos favores e privilégios entre os interesses em jogo. Consequentemente, a obediência aos ditames do poder central seria algo bastante problemático e assinalado, quase sempre, pelas circunstâncias locais dos súditos, ou seja, os resultados a ser atingidos seriam, a todo

---

3 Dolhnikoff (2005) afirma, ao contrário da visão predominante na historiografia, ser o federalismo a ossatura no arranjo político-institucional na construção e consolidação do Estado imperial brasileiro. Mesmo no período designado como o Regresso Conversador, as prerrogativas conquistadas pelas elites regionais com o Ato Adicional de 1834 não foram de todo suprimidas. O federalismo do Ato Adicional, ao contrário do que se supunha, permitiu, segundo Dolhnikoff, a unidade nacional e a consolidação estatal graças à participação ativa das elites políticas congregadas nas Assembleias Legislativas provinciais e representadas na Câmara dos Deputados. Isto, é claro, mediante constante negociação com a Corte do Rio de Janeiro. Para mais detalhes, cf. Dolhnikoff, 2005, p.11-22.

instante, alvo de interesses e traduções particulares dos notáveis locais (Mendes, 1997, p.22-3). O exemplo mais evidente e representativo da prestação patrimonial e litúrgica foi a Guarda Nacional. No entanto, alertamos que a guarda não foi a única a desempenhar serviços desse tipo. Havia também os delegados e subdelegados de polícia, bem como os inspetores de quarteirão. Todos esses cargos eram exercidos gratuitamente. E ainda, o Estado imperial contava com o auxílio da Igreja, pois os registros de nascimento, casamento e óbito eram contabilizados pelo clero católico (Carvalho, 1997, p.243).

No que diz respeito à corporação civil, Fernando Uricoechea (1978, p.118-9) afirma que a Guarda Nacional serviu como elo de interesses na tessitura das relações entre o governo central e os próceres locais. De acordo com o autor, a guarda atuou como uma milícia responsável pela militarização da sociedade, pois ao transformar o súdito em miliciano civil, supriu a falta de funcionários públicos necessários para a consecução racional do governo e das instâncias burocráticas da administração, porém, levando em consideração os interesses tanto dos *honoratiores* locais quanto dos dirigentes do Paço imperial (ibidem, p.131).

Dessa feita, as afirmações de Uricoechea coadunam-se com as nossas, pois, conforme vimos argumentando, a negociação e a conciliação eram a tônica da política entre os proprietários rurais e a Corte do Rio de Janeiro. No conjunto da produção historiográfica do período imperial, o trabalho de Uricoechea situa-se numa posição intermediária, vale dizer, entre a defendida por Nestor Duarte, que entrevê a constituição estatal do Brasil oitocentista como proveniente da relação de uma sociedade forte e um Estado fraco, e a de Raymundo Faoro, que advoga o seu contrário (Carvalho, 1997, p.239).

Com estas considerações em mente, tratemos com mais vagar da Guarda Nacional.

A criação e a formação de corpos da guarda, em agosto de 1831, em todo o território do Império, refletia os humores políticos no Brasil no segundo quartel dos Oitocentos. O governo autoritário de D. Pedro I havia dado lugar à Regência e, com esta, novos rumos, novas experiências[4] e, por que não, novos temores abriram-se para a Nação brasileira. A atmosfera política encontrava-se bastante agitada e o País era sacudido, de norte a sul, por violentos protestos armados que ameaçavam a sua integridade territorial. Além disso, havia o nacionalismo exacerbado, antilusitano, a incitar uma permanente e crescente desconfiança diante dos movimentos oposicionistas de restauração, principalmente em relação ao Exército, cujos oficiais eram, em grande número, portugueses e simpáticos à *persona* de D. Pedro I. Apesar de suscitar adeptos depois de sua abdicação, a imagem do ex-imperador perante a Nação havia-se desgastado e há muito desaparecera o sentido das festas de aclamação que lhe renderam o título de Defensor Perpétuo do Brasil. Na opinião de uma historiadora, "no esvaziamento da *persona* de D. Pedro I, nasciam [dentre outras instituições]: a Guarda Nacional, para reorganizar e substituir as tropas que, de algum modo, haviam pactuado com o governante" (Souza, 1999, p.349).

A Guarda Nacional brasileira foi, em grande parte, inspirada no modelo similar francês, tanto que a legislação que lhe deu origem era bastante semelhante à lei francesa. Mas desde o seu início, a julgar pelo artigo primeiro da lei de 18 de agosto de 1831,[5] a Guarda Nacional tinha por missão institucionalizar uma nova ordem legal e administrativa. Cabia ainda à corporação servir como força no combate a qualquer contestação ou movimento oposicionista ao governo regencial. E mais, como evidência da desconfiança dos dirigentes em relação ao exército, a guarda era uma força civil e, portanto, a milícia estava subordinada, em última instância, ao Ministério da Justiça, como deixa claro o artigo sexto da Lei de 18 de agosto: "As guardas nacionais estarão subordinadas aos juízes de

---

4 Nesse aspecto, o período regencial é considerado, por alguns historiadores, como um período de experiência republicana. Cf. Castro, 1964, p.9-67.

5 "As guardas nacionais são criadas para defender a Constituição, a Liberdade, Independência e Integridade do Império; para manter a obediência às Leis, conservar ou restabelecer a ordem e a tranquilidade pública; e auxiliar o Exército de Linha na defesa das fronteiras e costas." *Coleção das Leis do Império do Brasil*. Lei de 18 de agosto de 1831. Doravante CLIB.

paz, aos juízes criminais, aos presidentes das províncias e ao ministro da Justiça" (CLIB, Lei de 18 de agosto de 1831).

A subordinação da guarda às requisições das autoridades civis competentes salientava não apenas a desconfiança em relação ao elemento militar composto por uma ampla maioria de oficiais portugueses, mas também da própria composição da tropa de primeira linha. Afinal, a corporação civil congregava em suas fileiras todos aqueles indivíduos considerados, pela Constituição de 1824, como cidadãos ativos.

Sendo assim, devemos destacar que o universo social brasileiro dos Oitocentos, matizado de cima a baixo pela escravidão, determinaria um corpo sociopolítico constituído por súditos diferenciados quanto ao caráter censitário, conforme a letra e o espírito do texto constitucional. Obviamente, os escravos não faziam parte desse corpo. Eles, pela mentalidade político-patriarcal da época, eram coisas, portanto, passíveis de ser vendidos, comprados e alugados. É interessante observar que a Constituição imperial não menciona, ao longo dos seus 169 artigos, a palavra escravo. Todavia, a referência ao termo cativo é implícita no texto constitucional. Os escravos seriam, por assim dizer, membros estranhos. Estranhos no sentido de uma dupla privação, a saber: liberdade e propriedade.

Nas palavras de um dos comentaristas da Constituição imperial: "É evidente que a sociedade civil não poderia existir sem qualificar, sem fixar previamente os caracteres segundo os quais pudesse reconhecer os membros de que se compõe e os que lhe são estranhos" (Bueno apud Mattos, 1999, p.109; Cf. também Malheiro, 1976).

No grau censitário do pleito eleitoral encontravam-se os súditos, que gozavam da condição jurídica de ser homens livres, divididos e hierarquizados em cidadãos ativos e cidadãos não ativos. Com referência à hierarquização social presente na sociedade brasileira do século XIX, Richard Graham (1997, p.49), no seu estudo sobre o clientelismo na política do Império, faz notar que a aceitação de uma hierarquia social era um elemento que ajudava os proprietários a exercerem ainda mais sua autoridade. Isto porque a lógica da aceitação da subordinação social era, tão-somente, permitir que todos se sentissem superiores a alguém. E segundo preconiza o autor, a própria hierarquização social não impedia a possibilidade de mobilidade social, mas, ao contrário do que se possa imaginar, dela extraía a sua força. De fato, para um indivíduo migrar de um lugar social para outro era necessário que ele definisse e redefinisse, a todo instante, sua própria posição em relação aos demais, o que forçosamente tanto legitimava quanto reforçava a existência da estratificação social (ibidem, p.52).

Mas, no que se refere à escravidão, a presença desta ao mesmo tempo em que criou uma classe ociosa, impediu, por sua vez, a emergência de um grupo estamental de proprietários rurais, em função da "obstrução da expansão de formas tradicionais e não repressivas de subordinação dos homens livres a um estrato de senhores" (Uricoechea, 1978, p.203). Sobre esse assunto Franco (1997, p.237) salienta:

[...] a presença da escravidão freou a constituição de uma sociedade de classes, não tanto porque o escravo esteja fora das relações de mercado, mas especialmente porque excluiu delas os homens livres e pobres e deixou incompleto o processo de sua expropriação. Ficando marginalizada nas relações essenciais à sociedade e guardando a posse dos meios de produção, a população que poderia ser transformada em mão de obra livre esteve a salvo das pressões econômicas que transformariam sua força de trabalho em mercadoria. Em outras palavras, as relações entre proprietários e não proprietários não assumiram generalizadamente o caráter de relações de troca.

Conforme dito há pouco, somente aqueles indivíduos considerados cidadãos ativos eram qualificados e formavam os batalhões e as companhias da milícia civil. O alistamento processava-se em cada distrito, em geral na própria residência da autoridade designada para tal. Nessa residência, compunha-se o conselho de qualificação, formado pelo juiz de paz e os seis cidadãos eleitores mais votados no respectivo distrito.

Se a cifra de cidadãos eleitores fosse insuficiente, o juiz de paz, consoante a legislação da guarda, podia completar o número com outros cidadãos. O conselho dava início à formação dos corpos por meio de um livro de matrícula geral, pelo qual o escrivão de paz escrevia os nomes dos guardas nacionais que possuíam as qualidades exigidas por lei (CBLI, arts. 13 a 17). Cabia ainda ao conselho verificar a idoneidade de cada miliciano, distinguindo-os quanto à reserva ou serviço ativo.

Malgrado uma série de isenções previstas na lei para a dispensa do serviço ativo da corporação,[6] a qualificação dos guardas, na ativa ou na reserva, converteu-se em instrumento de favorecimento e de perseguição política. Esse instrumento fazia-se sentir mais intensamente no período das eleições. Afinal, os milicianos também eram eleitores. Sendo assim, aliados eram recompensados com a reserva e os dissidentes eram perseguidos e punidos com o serviço ativo, ou, em alguns casos, recrutados para o exército, sob a alegação de que "não hé guarda nacional" (Castro, 1977, p.83).

Como forma de coibir estes e outros abusos, um ano após a criação da Guarda Nacional foi promulgado o Decreto de 25 de outubro de 1832, que alterou a Lei de 18 de agosto de 1831 em alguns artigos. Porém o decreto, antes de esclarecer, suscitava ainda mais dúvidas a respeito da organização dos corpos da milícia, a exemplo do ofício do coronel da 2ª Legião da Guarda Nacional do município de Mariana, enviado ao vice-presidente da província de Minas:

---

6 Eram isentas do serviço ativo da Guarda Nacional, conforme instruções da CLIB e decreto de 25 de outubro de 1832, as autoridades civis e judiciárias porque tinham o poder de requisitar a própria guarda. Os senadores, deputados, conselheiros, presidentes de província, magistrados, vereadores e chefes de repartição também eram dispensados do serviço. Além destes, os estudantes, eclesiásticos, professores, profissionais liberais, empregados públicos e feitores e capatazes de fazendas com mais de cinquenta escravos ou com mais de cinquenta cabeças de gado. De modo geral, eram inclusos na reserva todos aqueles que desempenhavam alguma atividade de importância econômica. Cf. Castro, J. B. de, 1977, p.108-9.

Tendo-se admitido diversas inteligências ao artigo 16 da lei de 25 de outubro de 1832 pretendendo alguns que a doutrina daquele artigo compreenda também os oficiais que se ausentarem de seus respectivos distritos. Eu vou perante V. Ex.ª pedir sobre este objeto os necessários esclarecimentos, afim de que na Legião do meu comando não sofra de maneira alguma a justiça por semelhante diversidade de inteligência (APM. SP. PP116, caixa 49, 20 de abril de 1835).[7]

A despeito das interpretações locais das autoridades, o Decreto de 25 de outubro alterou a idade mínima para o ingresso na corporação, de 21 para 18 anos de idade, aos cidadãos eleitores das cidades do Rio de Janeiro, Bahia, Recife e Maranhão, desde que possuíssem renda líquida anual de duzentos mil réis por bem de raiz, indústria, comércio ou emprego. A mesma determinação equivalia para os demais cidadãos votantes nos municípios do Império, desde que tivessem cem mil réis de renda líquida anual (CLIB, Decreto de 25 de outubro de 1832, art. 3º, §§ 1º e 2º e art. 4º, §§, 1º e 2º.

De certa forma, a exigência mínima para votar e ser votado nas eleições primárias, cem mil réis de renda líquida anual, não representou a exclusão de considerável parcela da população do Império. Isto porque a inflação desvalorizou o valor real da moeda corrente, tornando-se comum, durante o alistamento, os guardas declararem valores entre cem e duzentos mil réis. Desse modo, talvez como meio de restringir o acesso à guarda de indivíduos socialmente desprestigiados, foi promulgado, em 1846, o Decreto n. 484, de 25 de novembro do mesmo ano, que, em conformidade com a Lei Regulamentar das Eleições, determinou a renda líquida em prata para votar e ser votado nas eleições primárias, ou seja, duzentos mil réis (CLIB. Decreto n. 484, de 25 de novembro de 1846).[8]

---

7 O artigo em questão tem o seguinte teor: "O oficial ou oficial inferior que mudar de município ou dele se ausentar sem licença por mais de um mês ou, com ela, por mais de dez meses, deixa vago o seu posto". CLIB. Decreto de 25 de outubro de 1832, art. 16.
8 Cf. Castro, 1977, p.156, especialmente a nota 49, p.168.

De modo geral, a Guarda Nacional reuniu um contingente numericamente superior ao da tropa de primeira linha que, de acordo com Fernando Uricoechea (1978, p.131), em 1850, possuía um efetivo composto por quinze mil homens. José Murilo de Carvalho (2003, p.158) aponta que, em 1873, a milícia civil tinha um efetivo de 604.080 guardas na ativa e 124.884 na reserva, totalizando dezessete por cento da população masculina livre. Apesar de essas cifras não serem confiáveis, como o próprio autor reconhece, visto que até mesmo as autoridades queixavam-se constantemente da falta de informações sobre a composição exata da guarda, fica patente o menosprezo imputado ao exército pelos políticos imperiais. Castro (1977, p.65) comprova:

> A orientação antimilitar dos primeiros gabinetes liberais desejava, com o concurso apenas da milícia cívica, vencer as rebeliões de norte e sul, revoltas essas sintomas de desajuste, cuja gravidade avaliavam apenas pela sua violência, numa incompreensão total de suas causas. Além disso, a ausência, naquele momento, de lutas externas que tornassem imprescindível uma tropa forte, explicaria, também, tal atitude. Sem um passado bélico de lutas militares nacionais, o país desconsiderou o elemento marcial, encarado mais como um ônus, do que como um motivo de orgulho ou uma necessidade.

Entretanto, a situação de negligência enfrentada pelo exército mudaria a partir do terceiro quartel do século XIX. Nesse período, o Império encontrava-se de certa forma pacificado internamente, e com o decorrer dos conflitos externos na região platina, entre eles a Guerra do Paraguai, os militares ganharam importância e passaram a reivindicar maior representatividade política, como teremos a oportunidade de discutir mais adiante.[9]

---

9 Sobre a relação entre o exército e o Império, cf. Costa, 1996. Em especial, o primeiro capítulo, "O Exército e o Império".

Os serviços prestados pelos oficiais e guardas, como era de se esperar de uma administração diletante, eram gratuitos, salvo o caso dos destacamentos da corporação realizados fora dos limites do município por mais de três dias (CLIB, art. 111). Despesas como fornecimento de armas, bandeiras, papéis e o pagamento das cornetas e instrutores eram supridos pelo Estado imperial, porém, com bastante dificuldade.

Na maioria das vezes, eram os próprios comandantes da Guarda Nacional que arcavam com os gastos da milícia civil, a exemplo, na província de Minas Gerais, do barão de Sabará, comandante da Guarda Nacional da cidade do mesmo nome e de Curvelo: "Ao seu digno chefe, o Exm. Barão de Sabará, *que não poupa sacrifícios pessoais e pecuniários* para abrilhantar a força do seu comando e regularizá-la em tudo, se deve este resultado lisonjeiro" (RPP, Carlos Carneiro de Campos, 1858, grifo do autor).

Mas não eram apenas os "sacrifícios pessoais e pecuniários" que contavam. Na maioria das vezes, a própria casa do oficial civil se convertia em local de parada da companhia ou batalhão, como bem demonstra Uricoechea (1978, p.158):

> Típica da disposição rotineira era o estabelecimento da parada de cada companhia na fazenda ou cercado do seu respectivo comandante. De forma similar, e talvez ainda mais típica, era a utilização da residência particular do comandante como o local oficial para a tramitação dos assuntos oficiais da corporação e a custódia dos arquivos e registros das secretarias dos comandos. Não cessava aí a cooperação privada. Com muita frequência o material para o serviço burocrático era fornecido pessoalmente pelos comandantes. Não havia qualquer esquema ou programa de despesas orçamentárias que cobrisse satisfatoriamente os custos resultantes da administração diária da instituição por parte do Estado, o que é bastante indicativo da definição patrimonial destes serviços.

Quanto ao "programa de despesas orçamentárias que cobrisse satisfatoriamente os custos resultantes da administração diária da instituição por parte do Estado", convém atentar para as palavras do presidente da província de Minas Gerais, no seu relatório apresentado à Assembleia provincial:

> A Guarda Nacional continua a ter falta de armamento, correame, e outros artigos bélicos, como se colige das repetidas requisições dos respectivos chefes, que tem sido levado ao conhecimento do Governo Imperial, *visto que a Presidência, pela escassez das quotas distribuídas para este ramo do serviço público, não tem podido socorrer a semelhante falta.* (RPP, Francisco Diogo Pereira de Vasconcelos, 1855, grifo do autor).

Dois anos mais tarde, outro relatório apresentou um teor surpreendentemente semelhante:

> É geral, e mui sensível a falta de armamento, correame e insígnias de guerra, e mal pode a Presidência acudir as necessidades mais urgentes, *sendo a quota de que dispõe para todas as despesas tão limitadas,* que quase se esgota no fornecimento de livros para a respectiva escrituração, e no pagamento dos vencimentos dos oficiais de linha nela empregados, e dos tambores do 1º batalhão de infantaria. (RPP, Herculano Ferreira Pena, 1857, grifo do autor)

Como eram gratuitos os serviços, salvo a situação mencionada anteriormente, os guardas deveriam abrir mão dos seus afazeres domésticos, em franco prejuízo de suas economias. Prejuízo mais sensível ainda na época das colheitas, quando justamente mais braços faziam-se necessários. Nesse caso, a repugnância e/ou resistência perante as tarefas a serem desempenhadas na milícia eram inevitáveis, como bem observou o presidente da província de Minas:

> A coadjuvação que a Guarda Nacional pode prestar e alguma tem prestado, encontra impedimento sensível na falta de armamento e também na repugnância, que têm as praças, de abandonarem os seus trabalhos domésticos, *sem restrição pecuniária com*

que possam acorrer às suas necessidades. (RPP, José Bento da Cunha Figueiredo, 1862, grifo do autor).

Em que pese a falta de "restrição pecuniária" para acudir as necessidades de subsistência, os serviços da milícia converteram-se, ao menos para alguns, em um bom meio de vida, conforme o júbilo do personagem José Pimenta, da peça teatral *O Judas em Sábado de Aleluia*, de Martins Pena (1995, p.68, grifo do autor):

Pimenta – Tenho que dar algumas voltas, a ver se cobro o dinheiro das guardas de ontem. *Abençoada a hora em que eu deixei o ofício de sapateiro para ser cabo-de-esquadra da Guarda Nacional!* O que ganhava eu pelo ofício? Uma tuta-e-meia. Desde pela manhã até alta noite sentado à tripeça – e no fim das contas chegava apenas o jornal para se comer, e mal. Torno a dizer, feliz a hora em que deixei o ofício para ser cabo-de-esquadra da Guarda Nacional! *Das guardas, das rondas e das ordens de prisão faço o meu patrimônio. Cá as arranjo de modo que rendem, e não rendem pouco...* Assim é que é o viver; e no mais, saúde, e viva a Guarda Nacional e o dinheirinho das guardas que vou cobrar, e que muito sinto ter de repartir com ganhadores.

As rendas tão decantadas por José Pimenta, que constituíam o seu "patrimônio" e "que muito [sentia] ter de repartir com ganhadores", fazem menção a uma prática que se tornou rotina em todo o Império, qual seja o pagamento de certa quantia em dinheiro para a isenção do serviço na Guarda Nacional. Na verdade, não eram poucos os guardas que desejariam pagar, a despeito de seus escrúpulos, uma pequena contribuição mensal para a manutenção da banda e dos instrumentos musicais, por exemplo, para se verem livres do ônus de "manter a obediência às leis, conservar ou restabelecer a ordem e a tranquilidade pública" (CLIB, Lei de 18 de agosto de 1831, artigo primeiro).

É interessante observar que tais doações acabaram por fazer que o Estado imperial suspendesse o pagamento dos músicos, o que, pela lei da corporação, era uma obrigação sua. Um ônus a menos para os debilitados cofres públicos (Urichoechea, 1978, p.157).

Na realidade, as contribuições, por assim dizer, "voluntárias", poderiam incorrer em pretextos, fossem eles amorosos ou não, para punições aos milicianos que se recusassem a pagá-las, como demonstra a já citada peça de Martins Pena (1995, p.69, grifo do autor):

Faustino – Hoje? Ah, não me fales nisso, que me desespero e alucino! Por tua causa sou a vítima mais infeliz da Guarda Nacional! Maricota – Por minha causa? Faustino – Sim, sim, por tua causa! O capitão da minha companhia, o mais feroz capitão que tem aparecido no mundo, depois que se inventou a Guarda Nacional, persegue-me, acabrunha-me e assassina-me! Como sabe que eu te amo e que tu me correspondes, não há pirraças e afrontas que me não faça. *Todos os meses são dois ou três avisos para montar guarda; outros tantos para rondas, manejos, paradas... E desgraçado se lá não vou, ou não pago! Já o meu ordenado não chega.* Roubam-me, roubam-me com as armas na mão![10]

A despeito dessas questões, para a composição do quadro dos oficiais da guarda, a legislação que criou e deu origem à milícia civil determinava, em um dos seus artigos, a nomeação dos postos por meio de eleições. Os milicianos deveriam apresentar-se desarmados no local designado pelo juiz de paz, em geral no interior das igrejas. Tal juiz era o presidente da mesa eleitoral, auxiliado ainda por dois guardas que desempenhariam a função de escrutinadores. A eleição tinha início pela edilidade do oficial mais graduado ao

---

10 Outro episódio, dessa vez verossímil, foi apontado por Jeanne Berrance de Castro (1977, p.42-3) no Rio de Janeiro. Fora criada, naquela cidade, um corpo policial de municipais permanentes destinado a realizar patrulhas noturnas no lugar da própria Guarda Nacional, cujas despesas seriam custeadas por meio de uma subscrição voluntária a ser despendida pelos milicianos civis. Obviamente aquele guarda que se recusasse a pagar poderia ser punido por um destacamento ou uma ronda.

menor, com maioria absoluta de votos. Caso contrário, entrava-se em segundo escrutínio, com os dois milicianos mais votados para se ter a maioria absoluta. Em caso de empate, decidia-se a eleição por sorteio (CLIB, artigos 51 a 64).

Contudo, o sistema eleitoral para a escolha do oficialato da milícia foi, desde seu início, duramente criticado pelas autoridades, por se mostrar perigoso, ou, quando muito, escandaloso para uma sociedade que se assentava "em termos de privilégios pessoais e de classe, [cuja] obediência a preceitos legais em benefício do Estado tinha pouca significação" (Castro 1977, p.181). No que diz respeito à elegibilidade dos oficiais, o vice-presidente da província de Minas Gerais, além das demandas de organização e disciplina, diria o seguinte:

De todas as partes da província se reclamam medidas em benefício da organização, disciplina e artigos bélicos da Guarda Nacional que excedendo a alçada do Poder Executivo, só poderão ser adotadas pelo Poder Legislativo Geral. *A Lei de 18 de agosto de 1831 tem defeitos radicais, a experiência de 19 anos os tem posto a luz meridiana. Enquanto a qualificação dos guardas nacionais, a nomeação e demissão dos postos estiverem à mercê do capricho das localidades e às contingências da política, não se podem esperar de tão salutar instituição todos os benefícios que ela promete.*(RPP, Manoel Antônio Pacheco (barão de Sabará), 1850, grifo do autor)

Em função "do capricho das localidades" e das "contingências da política", dentre, é claro, outros fatores que aqui serão analisados pormenorizadamente, o processo eleitoral para a escolha do oficialato da corporação civil acabaria por ser substituído por uma reforma na lei original da Guarda Nacional, em setembro de 1850, pela nomeação dos postos realizada por propostas dos comandantes locais (CLIB. Lei n. 602, de 19 de setembro de 1850). Tal nomeação dos postos procurava favorecer a indicação de indivíduos que estivessem alinhados "com as qualidades atribuídas aos notáveis locais ou às exigências de uma liderança amadorística" (Uricoechea, 1978, p.131), além de procurar representar no interior da milícia a hierarquia social presente na sociedade, como esclarece o relatório abaixo:

Do ofício que em data de 20 de novembro me foi dirigido pela Secretaria da Justiça, e da relação que o acompanha, verá V. Ex. quais os oficiais nomeados para o comando superior da Guarda Nacional desta capital. *Nenhum nomeado deixa de ser um cidadão recomendável, além das qualidades, por sua assás provada dedicação às nossas instituições.* (RPP, José Ricardo de Sá Rego, 1852, grifo do autor)

Dito de outra forma, ser oficial da Guarda Nacional seria, em conformidade com Norbert Elias (2001, p.138), uma das "chances de ascensão" social, na medida em que "pessoas que não tinham nenhum poder de comando [poderiam] chegar a alcançá-lo". E, além disso, "o mero fato de pertencer a um grupo central, mesmo ocupando a posição mais baixa, representa uma ascensão para os indivíduos provenientes dos campos sociais em torno dele". O *status* de ser um oficial da guarda ou o exercício de um cargo de reconhecido prestígio social era, por assim dizer, aspiração de muitos, principalmente daqueles que faziam parte da "boa sociedade", e também de alguns homens livres que ansiavam diferenciar-se dos demais, especialmente dos escravos. E convém lembrar mais uma vez que a escravidão realçava, a todo momento, a hierarquia social.

Sendo assim, outro não poderia ser o sentido do pedido de uma carta proveniente da cidade de Minas Novas, norte de Minas Gerais, endereçada ao barão de Camargos, influente político na província mineira, na qual o solicitante desejava "[...] ser nomeado ajudante do major desta Guarda Nacional nesta mesma localidade" (Bonsembiante, 2006, p.80-1).

De modo geral, "uma grande reputação, uma posição superior" era algo que todos desejavam, como demonstra um dos romances de Machado de Assis (1997, p.57):

Grande futuro? Talvez naturalista, literato, arqueólogo, banqueiro, político, ou até bispo – bispo que fosse –, uma vez que fosse um cargo, uma preeminência, uma grande reputação, uma posição superior. A ambição, dado que fosse águia, quebrou nessa ocasião o ovo, e desvendou a pupila fulva e penetrante.

Depreendemos que a ambição por um posto fazia-se acompanhar não por um simples capricho. O que estava em jogo não era o exercício do cargo em si, nos moldes de uma concepção burocrática racional e impessoal, mas a reverência prestada pelos demais membros da sociedade perante uma autoridade superior, tida como excepcional, salutar. Bastava ser alguém, com "três versos de Virgílio, dois de Horácio, uma dúzia de locuções morais e políticas" (ibidem, p.63).

É interessante observar que, no dizer de Marcella Bonsembiante (2006, p.109), 41% das cartas enviadas ao barão de Camargos tinham como meta pedidos de nomeação que visavam a diversas áreas do serviço público: juizado, secretariado, promotoria, delegacia. Cargos, em si, bastante disputados e almejados.

Não obstante essas considerações, era por meio da prestação gratuita dos serviços realizados pela Guarda Nacional que os dirigentes imperiais esperavam racionalizar o poder político e, dessa forma, controlar a autoridade do tipo patrimonial exercida pelos proprietários de terras e escravos. O Estado imperial brasileiro do século XIX lançava, podemos dizer, os alicerces de um poder politicamente legalizado nas instâncias de uma administração regida pelo desempenho gratuito dos milicianos civis para a plena consecução do monopólio da coerção legítima.

Contudo, a imprevisibilidade e a sobreposição dos interesses particulares em detrimento dos interesses públicos seriam sérios entraves para uma ordenação racional legal assentada em bases patrimoniais, a exemplo do exposto abaixo pelo presidente da província de Minas Gerais:

> Dizer que comandos superiores existem, sem que seus chefes saibam o número de guardas de que se compõem, de oficiais que estão fardados e prontos para o serviço, e daqueles que se retiraram

dos distritos de seus corpos sem a devida licença ou guia, seria dizer muito, se porventura para afeiar este quadro não tivesse eu de revelar-vos que, em geral, e salvas honrosas exceções, *nem cumprem os comandantes e oficiais seus deveres, nem as ordens que lhes são expedidas neste sentido com a solicitude e esmero conveniente.* (RPP, José Maria Corrêa de Sá e Benevides, 1869, grifo do autor)

Além da natureza diletante e acessória de tais serviços, os conflitos entre as autoridades patrimoniais e as autoridades do governo foram muitos e constantes. A esse respeito, eis o relatório do presidente da província mineira:

> Em Jacuí o tenente-coronel da Guarda Nacional, João Baptista Carvalhaes, tendo passado o comando do batalhão ao seu imediato, assumira a jurisdição de delegado de polícia. Dirigindo-se nesta qualidade ao arraial da Pimenta para capturar criminosos, aí se achava, quando foi surpreendido pelo juiz municipal dos termos reunidos de Passos e Jacuí, Dr. Misael Cândido de Mesquita, que, portador de uma ordem de prisão emanada do comandante superior, pondo-lhe uma arma aos peitos o prende e remete para Passos, onde é recolhido a casa da câmara. Foi daí, e em data de 8 de agosto, que aquele tenente-coronel dirigiu-me a representação da qual constam os fatos que deixo referidos. O comandante superior, José Joaquim Fernandes de Paula, em ofício que dirigiu-me posteriormente justifica a ordem de prisão que expedira, referindo o fato de ter o tenente-coronel Carvalhaes se recusado desde novembro de 1862 a dar posse a diversos oficiais do batalhão do seu comando. Concordando em que este oficial procedeu irregularmente, ninguém dirá que datando o fato de 1862 fosse agora – véspera da eleição – ocasião oportuna para puni-lo. [...] Terminada, pois, diligência, em que se achava aquele magistrado em São Paulo do Muriaé, terá de seguir para Passos e Jacuí e destes lugares para o Uberaba, se a esse tempo não tiver ainda cessado o antagonismo, ou antes luta encarniçada, em que se acham neste último termo [Uberaba], o juiz municipal e autoridades policiais de um lado e o juiz de direito e o chefe da Guarda Nacional de outro; luta que pode produzir graves

distúrbios, pois que a população está agitada e dividida em partidos, que de um momento para outro podem chocar-se. (RPP, João Crispiniano Soares, 1863)

O episódio descrito acima deixa entrever ao menos dois elementos importantes. O primeiro deles faz menção ao antagonismo entre dois grupos distintos, "o juiz municipal e autoridades policiais" e "o juiz de direito e o chefe da Guarda Nacional", cujas divergências ou, melhor dizendo, "luta encarniçada", precipitaram-se justa e oportunamente na "véspera da eleição". O segundo elemento diz respeito exatamente ao pleito eleitoral. A referência do relatório às eleições é um dado bastante salutar, pois elas serviam como barômetro de poder dos grupos locais. É certo que cada escrutínio poderia colocar em risco as relações locais de poder, podendo ocasionar "graves distúrbios".

Sem dúvida, diante de uma desordem, "que de um momento para outro podem chocar-se", cabia ao executivo provincial, dentre outras atribuições que o cargo exigia, exercer a função de árbitro das querelas políticas e partidárias das facções locais, urdindo cuidadosamente acordos e alianças tácitos, pelos quais ambas as partes em confronto pudessem angariar e usufruir da participação nos cargos e representação no governo. Se bem arranjados, tais acordos evitavam, por sua vez, a violência, de modo a manter o controle e a presença do Estado sobre a localidade.

Graham (1997, p.179) observa que os grupos rivais dependiam sempre e necessariamente das ações violentas, fossem elas legalmente sancionadas pela Guarda Nacional, pelo corpo policial ou pelo exército, ou fossem provenientes de indivíduos armados que ditavam à força a sua vontade de controlar as eleições. Para o autor, os dois casos tinham por objetivo o mesmo fim, qual seja, demonstrar superioridade eleitoral e a conquista de um novo ou maior apoio do governo.

Nos termos em que conduzimos a análise, apesar de os grupos locais lançarem mão da violência para fazer valer seus interesses particulares, depreendemos que a negociação e a conciliação com a

Corte do Rio de Janeiro eram constantes e necessárias para a consecução desses mesmos interesses. Na opinião de Norbert Elias (2001, p.132), as disputas de poder pelos grupos locais podiam ser habilmente utilizadas em prol das prerrogativas políticas do soberano, no caso aqui tratado, dos dirigentes do Paço imperial, para a sedimentação e constituição do Estado. As divergências entre as elites locais, antes de constituírem uma barreira, podiam se converter em um potencial recurso para os políticos imperiais fazerem valer sua posição de poder, desde, é claro, que bem arquitetadas e arranjadas por hábeis e tácitos acordos.

Mas convém indagar: O que necessariamente negociar? O que barganhar, além dos cargos no governo municipal ou provincial? É interessante observar que o casamento constituía um importante poder de barganha política. Ademais, foi por esse meio que muitos políticos e dirigentes do Império, como o visconde de Uruguai, por exemplo, ascenderam social, econômica e politicamente. Nesse aspecto a mulher, destacadamente de família abastada, constituía um precioso capital social, como profusamente demonstram os romances do século XIX (Mattos, 1999, p.177).

É evidente que diante de tais circunstâncias em que o favor era um decisivo instrumento para a constituição de alianças, ambas as partes contraíam entre si um compromisso de ajuda mútua e reciprocidade a ser cobrado em situações futuras. Então, a retribuição perante um privilégio obtido era uma obrigação pela qual o beneficiado estava, em maior ou menor grau, ciente de cumprir.

Mas cuidemos dessa questão em particular.

Dar, receber, retribuir: a urdidura do pacto local

Antes de prosseguir com a nossa análise, atentemos para o ofício expedido pelo chefe de polícia da província de Minas Gerais:

Os cargos onerosos à que nenhuma recompensa suaviza, são aceitos e exercidos entre nós como um sacrifício levado às aras da

Pátria, pelos cidadãos a quem são conferidos. *Daí a crença muito natural de que certos empregos há como esses à que me refiro, em que os cidadãos que o exercem fazem favores a quem lhes delega certa soma de poderes,* e que pois, muitas exigências que se faz, são encaradas como impertinentes.[11]

Pelo teor desse ofício, supomos que existia certa crença considerada "muito natural", segundo a qual os "cargos onerosos à que nenhuma recompensa suaviza", eram "aceitos e exercidos [...] como um sacrifício levado às àras da Pátria". Tal sacrifício, porém, era suportado por uma razão em particular, ou quiçá, essencial para os "cidadãos a quem são conferidos" tais empregos.

Que razão seria essa? O próprio chefe policial responde: fazer "favores a quem lhes delega certa soma de poderes", mesmo que as exigências contraídas sejam "encaradas como impertinentes".

Convém observar que, concomitantemente ao ato de pactuar, operava-se uma lógica de reciprocidade em que o favor atribuído convertia-se imediatamente na obrigação para com o beneficiário. Consoante com Marcel Mauss (1974, p.104), no seu estudo e análise das relações de troca e retribuições de proveitos nas sociedades da Polinésia e do noroeste norte-americano, "os objetos materiais dos contratos, as coisas que são trocadas, têm, também elas, uma virtude especial que faz com que sejam dadas e, sobretudo com que sejam retribuídas".

Desse modo, o ato de dar converte-se automaticamente no ato de receber e retribuir. Essa cadeia de obrigações (dar, receber, retribuir) constitui, por sua vez, a base de uma economia em particular, a economia da dádiva, cujos desdobramentos para as sociedades estudadas por Mauss (ibidem, p.56) dizem respeito primordialmente à obrigação da retribuição, ou seja, ao espírito da coisa que é doada.[12]

---

11 *Arquivo Nacional.* Ofícios da Presidência da Província de Minas Gerais dirigidos ao Ministério dos Negócios da Justiça no ano de 1866. Relatório do chefe de Polícia, 15 de janeiro de 1866 (apud Mendes, 1997, p.154-5, grifo do autor).
12 Ver também: Gandelman, 2005, p.110.

Nas palavras de Mauss (ibidem, p.129, grifos do autor): "Se se dão e se retribuem as coisas, é porque se dão e *se* retribuem 'respeitos' – dizemos ainda 'gentilezas'. Mas é também porque o doador *se* dá ao dar, e, ele *se* dá, é porque ele *se* 'deve' – ele e seu bem – aos outros".

Transpondo esse conceito de dádiva com as devidas proporções, é claro, para a sociedade brasileira do século XIX, evidentemente mais complexa em relação às sociedades de trocas elementares estudadas por Mauss, podemos deduzir que essa constituiu-se como um componente basilar para a urdidura dos pactos e acordos tácitos firmados entre o Paço imperial e os proprietários rurais. Tendo em vista uma formação social que julgamos estranha aos ordenamentos monetários de racionalidade e impessoalidade, a dádiva implicaria relações de obrigações e contraprestações recíprocas para os indivíduos de uma sociedade patriarcal e escravista, cujos limites entre as esferas privada e pública eram bastante tênues ou, quando muito, imprecisos.

Uma possível prova do que estamos falando foram as instruções de Nabuco de Araújo ao presidente da província do Ceará, a respeito das dificuldades de se fazer da Guarda Nacional "uma força pública, e não força de partido":

> Convém, pois contemplar as influências legítimas de ambos os lados, contanto que tenham merecimentos e não sejam hostis à ordem pública. O comandante superior pode ser a influência de um lado, o chefe do Estado-maior pode ser a influência de outro lado, assim ficam equilibradas as influências e satisfeitos os ânimos. [...] Quanto aos corpos, a dificuldade é digna de consideração, porquanto a disciplina e a ordem pública exigem que os oficiais do mesmo corpo vivam em harmonia e se não hostilizem e desmoralizem; exige também que o comandante seja por todos respeitado e coadjuvado. Como resolver o problema? Pelo seguinte modo: 1) a nomeação do comandante decide a nomeação dos oficiais subalternos; quando o comandante nomeado para um corpo for "caranguejo", "caranguejo" de sua confiança devem ser os respectivos

oficiais. 2) todavia, a regra antecedente não deve ser absoluta e há utilidade em que para cada companhia haja um oficial do outro lado, porque bem pode acontecer que o governo tenha necessidade de dispensar o comandante, e os oficiais do mesmo pensamento por despeito podem fazer parede e desamparar os postos [...]. 3) aonde houver um só batalhão, e influências rivais, a mais forte, legítima e que mais garantias oferece de lealdade, dedicação e aptidão deve ser preferida [...]. (Joaquim Nabuco apud Costa, 1996, p.56)

Inferimos das instruções acima um exemplo cabal dos meandros das negociações e articulações políticas em que o favor e a barganha eram a pedra de toque. O objetivo dessas negociações não poderia ser outro, a não ser "contemplar as influências legítimas de ambos os lados". Mas salta aos olhos outro dado igualmente válido para a nossa análise: a ideia de hierarquia. Enfim, o comandante devia ser "por todos respeitado e coadjuvado".

A noção de hierarquia configurava-se como um dado deveras marcante, uma vez que, conforme Graham (1997, p.53) reconhece, "o próprio movimento dos brasileiros do século XIX, tanto geográfico quanto social, exigia o predomínio de uma ideologia de hierarquia". Então, é válido destacar que os membros da sociedade oitocentista brasileira buscavam a todo instante reconhecer-se como pessoas e não como indivíduos, pois segundo Roberto da Matta (1997, p.235), o universo sociopolítico destes últimos é formado pelo plano da impessoalidade das leis. Dito de outra forma, as leis aplicam-se invariavelmente para os indivíduos e, em momento algum, para as pessoas. No entender do próprio autor:

Poder personalizar a lei é sinal de que se é uma pessoa. Desse modo, o sistema legal que define o chamado "Estado liberal moderno" serve em grande parte das sociedades semitradicionais – como o Brasil – como mais um instrumento de exploração social, tendo um sentido muito diverso para os diferentes segmentos da sociedade e para quem está situado em diferentes posições dentro do sistema social. Já o conjunto de relações pessoais é sempre um operador que ajuda a subir na vida, amaciando e compensando a outra vertente do sistema. (ibidem, p.237)

Nesse caso em particular, observamos que, em vez de serem semelhantes, os termos indivíduo e pessoa denotam uma diferenciação: o primeiro subentende uma noção de igualdade, ao passo que o segundo se encontra associado à ideia de hierarquia.[13] Para Roberto da Matta, o modo pessoal, ou melhor dizendo, o "jeitinho" que, por sua vez, é uma variante afável da célebre e clássica fórmula social do "sabe com quem está falando?", permite burlar ou abrir uma satisfatória brecha na lei que, até então, deveria ser igual para todos.[14]

Portanto, ser pessoa no Brasil do século XIX, ao contrário de ser coisa, a saber, ser escravo era, por assim dizer, ser capaz de personalizar as leis. Ora, tornando-se íntimo de algo que deveria ser impessoal, o vínculo social entre duas pessoas da mesma posição era mais do que "cordial", era, em suma, uma relação de troca de favores.

A concessão de um favor implicava uma obrigação ou uma "gentileza" a ser retribuída em momento oportuno, como faz crer o presidente da província de Sergipe, a respeito de um certo barão:

> O que o barão prefere a tudo é ver os seus parentes e amigos nas posições oficiais; o que ele não quer de maneira alguma é ver-se *esbulhado da vila de Maroim*. O governo atual pode contar com os seus serviços e mesmo sacrifícios uma vez que o contemple como comandante superior de Maroim. Seus parentes que como disse são

---

13 A ideia de hierarquia associada ao termo pessoa aparece implícita no estudo "Introduction to the Science of Sociology ", de R. E. Park e E. W. Burguess, muito embora utilizem os conceitos de indivíduo e de pessoa como sinônimos. Para os autores, "a pessoa é um indivíduo que tem *status*. Viemos a este mundo como indivíduo. Adquirimos *status* e tornamo-nos pessoas" (apud *Dicionário de Ciências Sociais*, 1986, p.591).

14 Segundo da Matta (1997, p.238), o uso do "jeitinho" e do "sabe com quem está falando?" gera, entre os brasileiros, uma desconfiança em relação às leis e aos decretos universalizantes. Todavia, tal desconfiança gera, consequentemente, a sua própria antítese, a de que, algum dia, as leis possam efetivamente ser cumpridas e respeitadas de fato.

numerosos e ricos são-lhe aditos e dispõem de alguma influência. Como aliado não é, pois, o barão para desprezar-se.[15]

Obviamente, a um barão que possui parentes "numerosos e ricos", que "dispõem de alguma influência", não convinha, pois, "como aliado", ser menosprezado. Afinal, "o governo atual pode contar com os seus serviços e mesmo sacrifícios". Daí a arguta recomendação do presidente provincial de fazer o barão "comandante superior de Maroim", visto que o citado prócer local não queria "de maneira alguma ver-se esbulhado" dessa vila.

Deduzimos, nesse caso, que deveria ser regra em todo o Império, uma confluência sintomática de interesses e a tessitura de um acordo no qual se delineavam perfeitamente as dádivas a serem concedidas e retribuídas posteriormente. Afora isso, percebemos no mesmo relatório que a concessão de favores e benesses era acintosamente proposta como meio e forma de angariar e cooptar os anseios dos senhores locais.

Estes, por sua vez, esperavam que suas necessidades pessoais, assim como familiares, fossem satisfeitas por meio de solicitações, cuja convicção embasava-se em dois elementos. O primeiro era o conhecimento exato de que cada um tinha a obrigação moral de proteger a sua família e amigos. O segundo fazia menção ao fato de que era legítimo e até normal usar proveitos públicos para fins e objetivos particulares. No entanto, como alerta Marcella Bonsembiante (2006, p.114-5), a simples referência à competência, seja ela isolada ou em conjunto com outras justificativas, deduz, de certa forma, uma tênue separação entre público e privado.

E ainda devemos levar em consideração que o favor era a moeda de troca, e mesmo, a própria urdidura da aliança. Tanto os dirigentes do Paço imperial quanto os próceres locais tinham aguda e sensível consciência de que um dependia do outro para, desse modo, afirmar seu poder e influência.

---

15 *Arquivo Nacional*. Ofício manuscrito do presidente da província de Sergipe ao ministro da Justiça, 1851 (apud Uricoechea, 1978, p.114, grifo no original)

Uricoechea (1978, p.112) assevera:

> Qualquer que tivesse sido o grau de centralização do governo durante todos esses períodos, em momento nenhum foi o Estado capaz de governar efetivamente sem fazer acordos com grupos privados para contar com a sua cooperação. O governo central estava agudamente consciente dos limites frágeis de sua autoridade e da ordem legal que tinha conseguido instituir. [...] Um governo viável, em outras palavras, dependia do reconhecimento por parte do Estado das demandas e interesses locais, que só podiam ser ignoradas à sua conta e risco.

Convém destacar que a visão analítica de Uricoechea do Estado oitocentista brasileiro difere, por exemplo, da de Richard Graham, pois para aquele o Estado, perante a penúria das finanças públicas, via-se forçado a delegar boa parte do governo local aos senhores rurais, não se limitando à simples tarefa de distribuição de cargos públicos para obter apoio. Ao contrário, Graham, ao trabalhar o tempo todo com a noção de clientelismo como relação patrão-cliente, necessariamente devia reconhecer, como o próprio conceito de clientela supõe, uma troca de poder desigual entre os atores em cena. Desse modo, o Estado seria a parte mais poderosa, pois cabia a ele distribuir benesses públicas em troca de apoio. O senhoriato rural seria, portanto, clientela do Estado. Porém, segundo faz crer José Murilo de Carvalho (1997, p.242), esta não seria a visão de Graham sobre a relação de poderes, visto que o brasilianista postula o domínio da política imperial pela classe rural e não por parte do Estado.

Perante essas considerações, é provável que os dirigentes imperiais e o senhoriato agrário viam-se imersos em uma rede de solidariedades e reciprocidades "verdadeiramente agonísticas", numa lógica semelhante àquela analisada por Luciana Gandelman (2005, p.122) sobre as dinâmicas sociais de liberalidade e caridade no interior do antigo regime português. No entender da autora, todo o complexo circuito das dádivas exercia sobre a sociedade enorme pressão, pelo fato de que a obrigação de doar implicava a diferenciação e hierarquização dos indivíduos. Em contrapartida, as obrigações de receber e retribuir estavam essencialmente condicionadas às ideias de submissão e obediência.

Entretanto, no que diz respeito à obediência, Weber (2004, p.59) observa que esta depende, "antes, em duas espécies de motivo que se relacionam a interesses pessoais: retribuição material e prestígio social". Para esse autor, as prebendas e benesses concedidas, de um lado, e a honra e os privilégios, de outro, constituíam a recompensa e o reconhecimento a serem usufruídos. Além disso, o temor de perder o conjunto dessas gratificações formava a razão direta da solidariedade que ligava o centro administrativo aos detentores do poder (ibidem). Enfim, conforme sugerido anteriormente, o potentado barão do interior sergipano não queria "ver-se esbulhado da vila de Maroim".

Mas há um fator de relevante importância que não pode ser ignorado: a violência. Na concepção de Maria Sylvia de Carvalho Franco (1997, p.27), essa violência parecia surgir "nos setores menos regulamentados da vida", nos quais a ofensa era entrevista no seio da localidade como um ato de vingança que se reproduzia indefinidamente entre as partes em litígio. A todo instante, o uso da força era algo recorrente, "mesmo quando estão em jogo meios de vida inteiramente prescindíveis" (ibidem, p.28).

E o que fazer para conciliar os ânimos em conflito, quebrando-se o ciclo da *vendetta* particular, tão familiar no sertão caboclo brasileiro? O que fazer perante os desmandos de um Militão, por exemplo, que desafiava as autoridades no sertão da Bahia (Uricoechea, 1978, p.271-4)?

Talvez a instrução fosse um remédio capaz de "adoçar os costumes", como recomendou, certa vez, o vice-presidente da província de Minas:

> Todos os anos, nesta época solene ouvis esta proposição – o estado de segurança individual entre nós é deplorável. Vejo-me forçado a repetir hoje esta amarga verdade. Não rememorarei todas as causas de um mal que tanto depõe contra o estado de nossa civi-

lização. Muitas só de futuro podem ser removidas, outros, porém, constantes esforços dos poderes públicos podem senão extirpar, ao menos minorar-lhes os efeitos. Não sendo possível suprimir as enormes distâncias quase desertas que separam os núcleos de mais vasta população, não sendo possível construir-se de pronto boas prisões no centro de zonas determinadas, não permitindo as nossas rendas a mantença de força suficiente para auxiliar a autoridade na preservação e repressão dos delitos em todos os pontos da província, *procuremos ao menos adoçar os costumes, melhorar a educação nas últimas camadas da sociedade, onde o crime é mais comum. Infundir no ânimo desde a infância santo respeito pelas máximas do Evangelho, disseminar o mais possível a instrução primária, a meu ver, são meios que poderosamente concorrerão para reduzir a cifra dos crimes contra as pessoas.* (RPP, Joaquim José de Sant'Anna, 1866, grifo do autor)

Pelo relatório acima notamos elementos importantes para o tema que vimos discutindo. Um deles diz respeito à incapacidade do Estado de manter-se presente e atuante ao longo das "enormes distâncias quase desertas que separam os núcleos de mais vasta população", paralela ainda à incapacidade de "construir-se de pronto boas prisões no centro de zonas determinadas". Porém, o mais importante elemento a ser destacado faz menção ao monopólio da violência, ou melhor dizendo, da ausência relativa desse monopólio. Dada a falta regular de "rendas [para] a mantença de força suficiente para auxiliar a autoridade na preservação e repressão dos delitos", o Estado via-se obrigado, como o próprio presidente reconheceu, a lançar mão de meios que pudessem "ao menos minorar-lhes os efeitos". Desse modo, a educação e o "santo respeito pelas máximas do Evangelho", aplicados principalmente "nas últimas camadas da sociedade", poderiam ser "meios que poderosamente [concorreriam] para reduzir a cifra dos crimes contra as pessoas".[16]

---

16 Sobre a preocupação dos dirigentes imperiais, principalmente os políticos saquaremas, a respeito da instrução da população, cf. Mattos, I. R. de, 1999, em especial o capítulo 3, item 3, "A formação do povo", p.238-65.

Mas não eram suficientes.

Já argumentamos que o Estado imperial brasileiro via-se na obrigação, diante da impossibilidade de manter o monopólio da coerção legítima, de dividir tal monopólio com os próceres locais. Para tal, pactuava e concedia favores como "moedas" de troca em prol dos serviços prestados gratuitamente pelos segundos para os misteres administrativos do primeiro.

Esses serviços, como vimos, foram exercidos pela Guarda Nacional, milícia patrimonial criada com o fim de restabelecer e manter a ordem durante o conturbado período regencial. Mesmo a partir da segunda metade dos oitocentos, com o arrefecimento das revoltas intestinas que tanto caracterizaram o período regencial e início do Segundo Reinado, continuou a guarda a ser o principal agente de manutenção da ordem interna.

Ao congregar virtualmente todos os homens livres do Império, a corporação gozava de maior prestígio e confiança por parte dos dirigentes imperiais do que os efetivos do exército, cuja prestação militar era encarada mais como castigo do que um dever para com a Nação. A esse respeito, não era à toa que o alistamento e o recrutamento possuíssem conotações bastante distintas quando se tratava dessas duas instituições, conforme veremos adiante.

Todavia, importa destacar que foi a Guarda Nacional, com criação e organização de corpos em todos os municípios do País, que ligou o súdito, ou melhor dizendo, o miliciano mais distante do Império ao dirigente localizado no círculo mais íntimo do Paço imperial. Ligação essa que possibilitou o ajuste de toda uma política de acordos e pactos tácitos firmados entre a Coroa e os notáveis locais, em meio, é claro, a uma imensa e complexa rede de disputas e conflitos, que tinha a violência por característica indelével.

Disputas e conflitos que, no entanto, poderiam ser atenuados se o pacto fosse capaz de satisfizer a ambas as partes. No caso da milícia civil, a nomeação dos postos de comando, que veio a substituir a edilidade da oficialidade pela reforma de 1850, converteu-se em um excelente instrumento de barganha e troca tácita de favores. A recomendação, analisada acima, do barão da vila de Maroim, pelo presidente da província de Sergipe, como comandante superior da mesma vila, é um exemplo bastante emblemático da oferta e cooptação de benefícios políticos. Observamos que a proposta para a nomeação do posto, cuja aceitação evidentemente implicaria uma contraprestação para o futuro oficial, era destinada às pessoas que, segundo um decreto-lei, deveriam ter, além do estatuto de cidadão ativo, "probidade, inteligência, fortuna e dedicação ao serviço" (CLIB. Decreto n. 722, de 25 de outubro de 1850, artigo 68).

Compreendemos, portanto, a exigência de um estilo de vida excepcional e peculiar, a que os membros de uma sociedade matizada de alto a baixo pela escravidão, deveriam portar, ou, no dizer de Machado de Assis (1999, p.31), "entrar francamente no regime do aprumo e do compasso". No que diz respeito ao oficialato da Guarda Nacional, seus oficiais seriam entrevistos, por assim dizer, como pessoas portadoras naturais de uma excepcionalidade e êxito pessoais próprios de uma mitificação político-social, nos quais, conforme Raoul Girardet (1987, p.71), operava-se um processo de heroificação que tinha como consequência a transmutação do real e sua absorção no imaginário coletivo da sociedade.[17]

Por ora, resta afirmar que a política de acordos e favores tácitos constituiu-se no principal eixo condutor da administração patrimonial do Estado imperial brasileiro ao longo do século XIX. Isso em virtude da relativa debilidade das finanças públicas, que não expropriou satisfatoriamente, sob a forma de uma compensação salarial, o funcionário diletante dos recursos públicos da administração, paralelamente ainda à não detenção efetiva do monopólio da violência. Uricoechea (1978, p.203) aponta:

---

17 Com relação ao assunto ora abordado, convém atentar para as palavras de Pierre Ansart (1983, p.51, tradução do autor): "Analisar as relações de poder exigem, portanto, para retomar essa complexidade, essas relações ou ambos os elementos objetivos (o chefe, as imagens renovadas pelas ideologias...), os elementos subjetivos (as interiozações e projeções inconscientes) e estes lugares particulares, lugares libidinosos, que renovam as instituições e os indivíduos em particular nos sistemas de controle."

Desde o próprio início, portanto, a administração patrimonial do governo local por *diletantes* agrários estava fadada a desenvolver-se numa forma tão incompleta, aliás, como a forma burocrática cuja própria imperfeição deu estímulo à sua antítese. Ambas incompletas, incidentalmente, pela mesma causa: numa, um estado indigente que não podia depender satisfatoriamente de seus próprios recursos para burocratizar a máquina estatal; na outra, um senhor de terras sem pecúlio que, pelas mesmas razões econômicas, não podia desempenhar satisfatoriamente o papel de oficial patrimonial diletante sem o risco de prejudicar seu meio de vida.

Deduzimos que tanto o Estado quanto o senhor de terras não tinham condições morais e materiais para fazer valer as suas vontades e anseios, independentemente um do outro. Desse modo, qual o resultado para ambos? A nosso ver, o produto dessa complexa equação matemática seria a constante negociação e conciliação e uma implícita concessão e contraprestação de favores, que incluíam a humilhação transfigurada em anistia, nas formas como foi praticada, matizada ainda, no entender de Izabel Marson (2005, p.198), pelos versos do poeta latino Virgílio: "poupar os submissos e debelar os soberbos".

De acordo com a autora, a política liberal claramente se inspirou e se baseou nas figuras da Antiguidade clássica greco-romana. No Brasil imperial, os versos do poeta Virgílio seriam, digamos, o lema da política da moderação, do pacto firmado entre liberais e conservadores para bem gerir a política nacional, principalmente após a anistia concedida em 1844 aos revoltosos liberais paulistas e mineiros da Revolta Liberal de 1842 e, em especial, após 1848. Contudo, conforme alerta Marson (ibidem), a conciliação seria um instrumento que veladamente implicava uma política de humilhação.

Desta feita, negociação, conciliação e humilhação eram elementos que se articulavam sinuosamente, ora de forma complementar, ora contraditoriamente, nos meandros da vida política brasileira do século XIX.

Isto, é claro, sob "a *paternal* solicitude do Governo de Sua Majestade" (RPP, Joaquim Camilo Teixeira da Mota, 1862, grifo do autor).

2
A REFORMA DA GUARDA NACIONAL NA PROVÍNCIA DE MINAS GERAIS: "DEMORADOS TÊM SIDO OS TRABALHOS DA QUALIFICAÇÃO, NEM OUTRA COISA ERA DE ESPERAR-SE EM UMA PROVÍNCIA TÃO VASTA"[1]

No capítulo anterior, discutimos como a política de alianças e acordos tácitos constituíram um dos pilares para a formação e a construção do Estado imperial brasileiro do século XIX. Para uma sociedade, de certa forma, avessa a ordenações de natureza racional e impessoal, balizada ainda pela escravidão que acentuava a todo instante a noção de hierarquia, o favor e a barganha constituíram uma importante e decisiva moeda de troca usada constantemente tanto pelos dirigentes imperiais, quanto pelos proprietários rurais.

Nos meandros da urdidura do pacto local, serviu a Guarda Nacional como instrumento de intermediação entre o Paço imperial e o mais distante prócer rural. Com a gratuidade dos serviços prestados pelos milicianos – já que a compensação salarial atendia com precariedade, é evidente, apenas os serviços dos instrutores e os batalhões destacados para o desempenho de diligências fora dos limites do município –, atuou a corporação civil não somente como elo entre a Corte do Rio de Janeiro e os proprietários rurais, mas também, *em tese*, como o principal agente de pacificação interna durante os conturbados anos da Regência e do início do Segundo Reinado. Isto porque, a Guarda Nacional nem sempre atuou con-

---

1 RPP, José Ricardo de Sá Rego, 1851.

forme preconizavam as autoridades competentes. Evidência disto foi a participação de oficiais e de batalhões da milícia nos movimentos de contestação da ordem a exemplo, da Sedição Militar de Ouro Preto, em 1833, e da Revolta Liberal de 1842, ambas ocorridas na província de Minas Gerais. Como consequência direta desta participação, oficiais da guarda foram demitidos e batalhões suspensos de suas funções (Cf. Saldanha, 2006. p.63-4 e p.145-6).

Eis que agora nos debruçaremos sobre a milícia em um aspecto particular: a reforma de 1850, que alterou algumas das prerrogativas iniciais da guarda, principalmente naquilo que mais nos interessa: a substituição do pleito eleitoral do oficialato pela nomeação dos comandantes da milícia.

Antes, porém, vejamos como foram os trabalhos da reforma da corporação civil na província de Minas Gerais.

Pelos Sertões das Gerais: grandes distâncias, entraves burocráticos e redes de proteção e privilégios locais

Uma vez aprovada a Lei n. 602, de 19 de setembro de 1850, a reforma da Guarda Nacional na província mineira não se efetuou imeditamente em algumas localidades. Dentre os vários motivos alegados pelas autoridades, o principal, conforme crê o relatório do presidente daquela província, foi atribuído à sua grande extensão territorial.

O executivo mineiro explicita:

> Concluirei este tópico comunicando-vos que foram expedidas as necessárias ordens para se dar execução a lei de 19 de setembro do ano próximo passado, que reformou a Guarda Nacional. *Demorados tem sido os trabalhos da qualificação, nem outra coisa era de esperar-se em uma província tão vasta.* Conto, porém que em breve eles concluídos, visto que ao governo tem sido já remetida a qualificação pertencente a algumas legiões, e então poderei tratar do tra-

balho geral de sua reorganização, esperando que assim reformada, possa essa instituição sair do estado de aniquilamento a que ficou reduzida nestes últimos anos.(ibidem)

As grandes distâncias a serem vencidas para "se dar execução" à lei de 19 de setembro de 1850, aliadas ainda à ausência de "meios prontos de comunicação [que] opõem à ação do governo", também foram apontadas em outro relatório presidencial:

A lei de 19 de setembro de 1850 deu à Guarda Nacional uma organização mais forte, e acomodada aos nossos hábitos e circunstâncias; é lícito esperar que aquela força satisfaça os fins de sua instituição, quando aquela lei estiver plenamente executada. Nesta província está atrasada a reorganização da Guarda Nacional; é isto devido ao desmantelamento em que se achava, ao complicado processo das qualificações e mais trabalhos preparatórios, *juntos às dificuldades que as distâncias e faltas de meios prontos de comunicação opõem à ação do Governo.* [...] Se a Guarda Nacional antes da lei que mandou reorganizá-la achava-se em estado pouco satisfatório, como todos reconheciam, compreende-se bem qual deverá ser ele, neste tempo de transição. (RPP. Luiz Antônio Barbosa, 1852, grifo do autor)

Apesar de reconhecerem a distância geográfica como maior empecilho para a reforma da milícia civil, podemos observar nos dois relatórios acima a afirmação unânime de que a guarda encontrava-se em estado "pouco satisfatório" e "de aniquilamento". Porém, ambos partilhavam a esperança de "que assim reformada" e "acomodada aos nossos hábitos e circunstâncias" a corporação estaria finalmente apta a desempenhar "os fins de sua instituição". Afinal, a lei de 1850 "deu à Guarda Nacional uma organização mais forte".

Entretanto, isso somente seria possível "quando aquela lei estiver plenamente executada", pois "neste tempo de transição" os trabalhos para a reforma eram obstados, não apenas pela já citada dimensão territorial, mas também "ao complicado processo das qualificações e mais trabalhos preparatórios", assim como pela ação própria de alguns comandantes da guarda que:

> [...] ou tem deixado de solicitar em tempo as suas patentes, ou solicitando-as tem apresentado irregularmente as propostas dos respectivos oficiais, resultando disto a demora no preenchimento dos postos, e a falta de reuniões dos conselhos de qualificação, que devem ser compostos daqueles oficiais depois de reconhecidos. (RPP. Herculano Ferreira Pena, 1857)

Se havia oficiais pouco zelosos para com as suas funções, havia outros cujas "faltas [...] não merecem tão severa censura", uma vez que:

> [...] sendo dedicados à agricultura e a outros trabalhos que lhes absorvem a maior parte do tempo e pouco práticos na escrituração de corpos, não podem de certo com a precisa prontidão cumprir exatamente as obrigações inerentes aos postos que exercem, mui principalmente atendendo-se a que outros que dispõe dos necessários conhecimentos e tem à sua disposição todos os recursos incorrem nelas. (RPP. Carlos Carneiro de Campos, 1858)

Percebemos, consoante ao assunto já abordado, um certo diletantismo aliado ainda à dificuldade no estabelecimento de uma rotina administrativa pautada por ideais racionais e legais. Visto que "sendo dedicados à agricultura e a outros trabalhos" havia, portanto, pouca prática na "escrituração de corpos", deixando-se, consequentemente, de "cumprir exatamente as obrigações inerentes aos postos que exercem". Contudo, devemos tomar cuidado ao afirmar que os interesses privados atuassem como sérios obstáculos à normatização e constituição de um aparato administrativo.

De acordo com José Murilo de Carvalho (2003, p.42-3), no processo de formação e consolidação do Estado brasileiro no século XIX, o cerne da estabilidade do sistema imperial dependia da capacidade dos grupos dominantes de administrarem seus conflitos no interior das normas constitucionais tacitamente aceitas por todos. Além disso, tal capacidade permitia a formação de coalizões políticas capazes de empreender reformas que, de certo modo, seriam impossíveis em circunstâncias de pleno domínio dos proprietários fundiários. Dessa forma, antes de querer protagonizar uma visão antagônica entre os interesses da ordem privada e do poder público, Carvalho enfatiza uma visão da qual a homogeneidade na formação da elite política dirigente, e a confluência de interesses comuns entre esta e os notáveis locais, permitiu a realização de acordos tácitos entre si. Concordamos em parte com Carvalho, visto que, de certa forma, não consideramos como crível, apesar de historiograficamente relevante, a sua ideia da uniformidade da formação da elite política brasileira, pois no seu interior havia sérios conflitos de interesses e distintos projetos de nação (Mattos, 1999).

Mas se havia confluência de interesses, estes eram alcançados, a nosso ver, após um intenso e tortuoso processo de barganha e troca de favores. Antes de pactuar, primeiro fazia-se necessário conciliar ou, quando muito, minimizar os conflitos, já que estes não estavam de todo excluídos, como faz crer o relatório do presidente da província de Minas Gerais a respeito de abusos cometidos na qualificação da Guarda Nacional:

> Nestes últimos anos, segundo consta de ofícios de diversos chefes, tem se dado um considerável aumento na força devido, não tanto ao crescimento da população, como aos abusos, que se dão da parte dos conselhos de qualificação. Não examinando escrupulosamente a idade e renda dos indivíduos, absorvem na Guarda Nacional quase toda a população em prejuízo do serviço do exército e com quebra dos créditos da instituição da Guarda Nacional, que por seu modo virá a ser composta de um pessoal menos digno. (RPP. Carlos Carneiro de Campos, 1858)

Depreende-se do relatório acima que o "considerável aumento na força" se fez não em função do "crescimento da população", mas, tão-somente, dos excessos "que se dão da parte dos conselhos de qualificação". Entretanto, o que salta aos olhos nesse relato presidencial é a existência de uma rede de proteção local, pela qual aqueles indivíduos apadrinhados por chefes políticos locais eram isentos de assentar praça na tropa de primeira linha, em declarado "prejuízo do serviço do exército". Mas devemos salientar que o recrutamento para o exército era algo bastante temido e considerado mais como um castigo do que propriamente um dever para com a Nação e o Império brasileiro, conforme teremos a oportunidade de discutir em outra parte deste trabalho.

De modo geral, aos olhos da autoridade provincial, a não observância criteriosa das prerrogativas exigidas durante a qualificação da corporação civil poderia acarretar a "quebra dos créditos da instituição da Guarda Nacional". Como foi salientado anteriormente em outro relatório presidencial, a milícia, de algum modo, deveria estar "acomodada aos nossos hábitos e circunstâncias" (RPP. Luiz Antônio Barbosa, 1852). Portanto, sua formação não deveria contemplar "um pessoal menos digno". Dito em outras palavras, a composição dos corpos da guarda deveria ser composta por aliados políticos, e não o contrário.

Porém, em que pesem as considerações em torno do efetivo da corporação civil, eram muitos os municípios na província de Minas Gerais que ainda não haviam organizado os corpos da Guarda Nacional nos moldes da lei de 19 de setembro de 1850, como podemos observar na exposição do seu vice-presidente:

> Por falta de algumas informações ainda não estão concluídos os trabalhos relativos à organização dos corpos de Caldas, Pouso Alegre, Barbacena, Rio Preto, Santo Antônio do Paraibuna e Uberaba. Nos municípios de Montes Claros, Januária, Patrocínio, Passos, e Jacuí ainda estão tudo por fazer-se por que não obstante as repetidas ordens deste governo não têm sido remetidos os trabalhos preliminares para a organização. (RPP. José Lopes da Silva Viana, 1853)

No tocante aos municípios de Patrocínio e Montes Claros, a nomeação do quadro dos oficiais ainda se fazia nos moldes da lei de 18

de agosto de 1831, ou seja, por meio de eleições, conforme denuncia
o relatório a seguir:

> Dos municípios do Patrocínio e Montes Claros ainda não foram
> remetidos os papéis preliminares, de que tratam os artigos 61 e 62
> do decreto de 25 de outubro de 1850, e por isso não se pode ainda
> tratar de apresentar ao Governo Imperial o plano da reorganização
> da respectiva guarda, que, no entanto continua a reger-se [pela lei]
> de 18 de agosto de 1831, [...], sendo de crer-se que pouca impor-
> tância deram os seus chefes às leis e diversas ordens da Presidência,
> não se distraindo um pouco de suas ocupações ordinárias para tra-
> tarem, como lhe cumpria, da organização e remessa dos papéis de
> que acima falei. Assim, pois com muita dificuldade se conseguirá a
> reorganização da Guarda Nacional destes dois municípios, únicos
> que se acham em circunstâncias excepcionais. (RPP. Carlos Car-
> neiro de Campos, 1858)[2]

Por se encontrarem "em circunstâncias excepcionais", talvez
em função dos seus oficiais darem "pouca importância", ou por
não se distraírem "um pouco de suas ocupações ordinárias", o que
denota, mais uma vez, o diletantismo para com a administração e
erário públicos, as municipalidades de Montes Claros e Patrocínio
mostrar-se-iam bastante refratárias na reorganização da corporação, a julgar pelas expressões repetidas quase que religiosamente
nos relatórios presidenciais: "não se tem ainda dado começo à organização da Guarda Nacional dos municípios de Jaguari, Patrocínio
e Montes Claros de Formigas", "continua no mesmo estado de
desorganização a Guarda Nacional dos municípios de Montes Cla-

---

2 Francisco Eduardo Pinto (2003, p.83, nota 121), ao pesquisar nos relatórios provinciais, chega a uma observação semelhante. Porém, concordamos
em parte com a sua visão de que, do ponto de vista burocrático, a Guarda
Nacional estava bem organizada. Pela pesquisa dos relatórios provinciais,
chegamos à constatação de que a milícia estava bem organizada, sim, contudo,
nos núcleos populacionais centrais da província mineira, em especial, a capital
(Ouro Preto), Mariana, Sabará, Diamantina e São João del-Rei.

ros e Patrocínio", "a [Guarda Nacional] dos municípios de Montes Claros e Patrocínio continua no seu estado primitivo" (RPP, respectivamente, José Lopes da Silva Viana, 1854; Joaquim Delfino Ribeiro da Luz, 1859; Vicente Pires da Mota, 1860).

Embora com tais contratempos, Patrocínio finalmente teve a sua milícia reformada, juntamente com o município de Bagagem, em 1862 (RPP, José Bento da Cunha Figueiredo, 1862). Já Montes Claros continuava com a sua sina, pelo que podemos observar na última menção feita nesse sentido nos relatórios por nós pesquisados: "a Guarda Nacional do município de Montes Claros ainda não está organizada de conformidade com a lei de 19 de setembro de 1850" (RPP, João Crispiniano Soares, 1864).[3] O motivo? Mais uma vez, a "falta de dados preliminares, que por muitas vezes tem esta presidência exigido, como se vê de seus diversos relatórios" (ibidem).

De fato, a falta de informações, até mesmo "da antiga guarda", era a principal queixa que autoridades apresentavam para justificar os atrasos na reforma dos corpos da Guarda Nacional na província mineira, a exemplo do relatório abaixo:

> Por falta de dados, que deveriam já ter sido prestados pelos chefes da Guarda Nacional desta província, não pode ainda a Presidência remeter ao Governo Imperial os diversos papéis e informações, que lhe tem sido exigidos. De alguma sorte podem muito dentre eles ser desculpados pelo que respeita à demora, ou falta de remessa dos ditos dados, por que não tendo encontrado escrituração alguma da antiga guarda, que os oriente e nem podido regularizar a que deve ser feita em virtude dos respectivos regulamentos, veem-se na impossibilidade de cumprir as ordens, que lhes tem sido transmitidas, mui principalmente aqueles sob cujos comandos existem corpos, que, ou não tem comandantes nomeados, ou que os tendo, hão

---

3 Interessante observar que a partir da Guerra do Paraguai (1865-1870), os relatórios passam a se ocupar única e exclusivamente do conflito em questão, principalmente na parte referente aos esforços para o recrutamento de efetivos para a região platina.

deixado de solicitar suas patentes. (RPP, Joaquim Delfino Ribeiro da Luz, 1857)

Sem informações disponíveis e suficientes sobre o efetivo total da corporação civil em Minas, o executivo provincial, em face dos "esforços a seu alcance", não tinha outra opção a não ser apresentar um "quadro, aliás, incompleto" (RPP, Herculano Ferreira Pena, 1857), tal como podemos visualizar na Tabela 1.:

Tabela 1 – Integrantes da Guarda Nacional em Minas: 1851-1873

Ano	Integrantes do Serviço Ativo	Integrantes da Reserva	Comandos Superiores
1851	–	–	–
1852	31.770	7.527	1
1853	46.611	10.711	19
1854	56.119	12.409	23
1855	59.099	12.644	23
1856	–	–	–
1857	59.534	12.729	23
1858	63.340	13.405	24
1859	–	–	–
1860	–	–	–
1861	–	–	24
1862	–	–	–
1863	–	–	–
1864	–	–	25
1865	–	–	32
1866	–	–	34
1867	66.634	–	35
1868	–	–	–
1869	–	–	–
1870	–	–	–
1871	–	–	–
1872	–	–	36
1873	–	–	36

Fonte: Faria, 1977, p.39. Os dados da tabela foram coligidos pela autora a partir dos relatórios dos presidentes da província de Minas Gerais.

Embora apresente uma série de lacunas, a tabela acima permite registrar, ao menos para aqueles municípios que reorganizaram seus corpos da guarda, um crescente aumento no número de guardas tanto do serviço ativo, quanto da reserva, assim como dos comandos superiores (Faria, 1977, p.39). Observando-se a tabela em questão, não há um único comando superior organizado em 1851, ao passo que, em 1873, havia expressivos trinta e seis.

Ademais, "se à presidência fossem prestadas as informações que tem exigido", a corporação já estaria completamente reorganizada, conforme preconiza outro relatório presidencial:

> Sem dúvida, estaria já completamente organizada a Guarda Nacional em todos os municípios da província, se à Presidência fossem prestadas as informações, que tem exigido, mas tais são os embaraços que alguns dos chefes encontram na marcha do serviço, que ainda não lhe foi possível obtê-las, vendo-se por tanto obrigada até a deixar de cumprir as diversas ordens que a respeito tem recebido do Governo Imperial. (RPP, Herculano Ferreira Pena, 1857)

Como deixa entrever a documentação pesquisada, a constante falta de informações seria uma fonte de graves e sérios problemas para a administração letrada, seja ela provincial ou imperial. A esse respeito, Mendes (1997, p.153) demonstrou que as estatísticas sobre a administração do Estado imperial brasileiro (dados sobre a magistratura, efetivos da Guarda Nacional e do exército) careciam de imensas falhas. Esses vazios burocráticos demonstravam quanto os dirigentes imperiais padeciam da falta de informações precisas sobre as dimensões e rotinas administrativas do aparato estatal. Tal situação ainda era agravada pela ausência de pessoal confiável na remessa desses dados, como reconhece o próprio autor, "falta, sobretudo, gente qualificada a quem confiar a administração local".

Nesse aspecto, quando a Guarda Nacional foi alvo de nova reforma, em setembro de 1873, a ausência de dados sobre a composição dos efetivos e companhias e a falta de "gente qualificada" continuavam a ser problemas de difícil e distante solução para as autoridades, como demonstra o relatório abaixo:

> Oferecendo à V. Ex. o quadro demonstrativo dos comandos superiores existentes na província, acrescentarei que ainda não foi possível dar-se execução à lei n. 2395 de 10 de setembro de 1873, que alterou a de n. 602 de 19 de setembro de 1850, porque alguns comandantes superiores têm deixado de prestar as informações exigidas em diversas cidades expedidas por meus antecessores; e os que cumpriram esse dever, o fizeram de modo incompleto, com falta de dados indispensáveis, que ultimamente foram exigidos por esta presidência. Pouca alteração tem havido neste ramo do serviço público. (RPP, João Antônio de Araújo Freitas Henriques, 1875)

De modo geral, a reforma da Guarda Nacional, nos moldes da lei de 19 de setembro de 1850, não ocorreu por completo na província de Minas Gerais. Os presidentes viam-se, muitas vezes, impossibilitados de cumprir com as suas funções, visto que "alguns comandantes superiores têm deixado de prestar as informações exigidas em diversas cidades". Além dos motivos já citados e discutidos, devemos levar em consideração a própria burocracia provincial, uma vez que, segundo Maria Auxiliadora Faria (1977, p.37):

> É que a promulgação de decretos, portarias, avisos, ordens de serviço pelo Governo imperial, complementares ao de n. 722 de 25 de outubro de 1850, que fornece instruções para a aplicação da lei 602 de 19 de setembro daquele ano, tornam de tal forma complexa a estrutura organizacional da milícia que se torna realmente difícil, mantê-la organizada em toda a província.[4]

---

4 Convém destacar que em paralelo à Lei de 19 de setembro de 1850, foi promulgado em outubro do mesmo ano o Decreto n. 722, com o objetivo de esclarecer possíveis dúvidas a respeito dos trabalhos da reforma da corporação. Algo semelhante ocorreu com a própria Lei de agosto de 1831, visto que em outubro daquele ano foi aprovado um decreto com a mesma finalidade, cf. CLIB, Decreto de 25 de outubro de 1832.

Desse modo, apesar da "a lentidão deste serviço" (RPP, José Lopes da Silva Viana, 1852) e do esforço "para poder apresentar um quadro exato e completo da força da Guarda Nacional da província" (RPP, Herculano Ferreira Pena, 1857), havia, entretanto, outros municípios que reformaram os corpos da milícia nos moldes da lei de 19 de setembro de 1850. Municipalidades como Ouro Preto, Diamantina, Sabará e Mariana, muito embora suas guarnições necessitassem de instruções, como indica o relatório que se segue: "Pode-se, portanto, dizer que a força de corpos, batalhões, esquadrões e seções é nominal; a exceção da do Ouro Preto, Mariana, Diamantina e Sabará [que] carecem de instrução em suas respectivas armas" (RPP, José Lopes da Silva Viana, 1853).

Além dessas localidades, podemos também incluir São João del-Rei, conforme subentende o presidente da província mineira, mediante a prestação de diligências não apenas naquela localidade, mas também em Sabará e Mariana: "A Guarda Nacional de Sabará, São João del-Rei e Mariana, além de outros serviços que como os demais corpos da província prestou, forneceu também destacamentos nos respectivos municípios" (RPP, Carlos Carneiro de Campos, 1859).

No que diz respeito a Mariana, podemos inferir que os trabalhos da reforma da milícia se processaram sem muita demora, em função de esta pertencer ao círculo dos "mais próximos".[5] De fato, o termo de Mariana localiza-se a poucos quilômetros da antiga capital mineira, Ouro Preto, portanto, próximo do centro de tomada de decisões da província. Além disso, devemos levar em consideração que

---

5 A ideia do círculo dos "mais próximos", ou seja, "o elemento de coesão principal, que torna eficiente e poderoso um conjunto de forças que, abandonadas a si mesmas, representariam zero ou pouco mais", tomamos de empréstimo de Antônio Gramsci. De acordo com o pensador italiano, além dos "mais próximos", havia também "os mais distantes", que seriam "um elemento difuso, de homens comuns, médios, cuja participação é oferecida pela disciplina e pela liberdade, não pelo espírito criador e altamente organizativo", bem como uma esfera intermediária, constituída por elementos que, por assim dizer, põe "em contato não só 'físico', mas moral e intelectual" os primeiros e os segundos (Gramsci, *Maquiavel, a política e o Estado moderno*, apud Mattos, 1999, p.170-1).

a municipalidade foi, no seu passado colonial, sede do bispado, fato que lhe rendeu a elevação da condição de vila a cidade, em 1745, pois ao "Bispo não convinha que fosse vilão e sim cidadão" (Vasconcelos, 1974, v.2, p.246).[6] Ademais, Mariana foi centro educacional de referência da outrora capitania de Minas Gerais, com a fundação, em 1750, de um educandário religioso, o Seminário de Nossa Senhora da Boa Morte, pelo primeiro bispo da cidade, dom frei Manuel da Cruz, que chegou à cidade em 1748 e foi recebido com grande festa. O evento foi registrado no famoso texto conhecido como "Áureo Trono Episcopal" (Almeida, 1994). Paralelamente a esses fatores, Mariana foi, durante todo o período colonial, a única cidade da capitania de Minas (Iglésias, 1964, p.372).

Sendo assim, reunindo todo um aparato político, religioso, educacional e administrativo, e situando-se no círculo dos "mais próximos", não fica muito difícil compreender a relativa rapidez com que a Guarda Nacional marianense foi reformada e reorganizada em relação às demais municipalidades mais distantes e refratárias à lei de setembro de 1850, como Montes Claros e Patrocínio, por exemplo. De certo modo, a reforma da guarda em Mariana também pode se entendida sob o viés de que não tenham ocorrido sérias resistências à política centralizadora empreendida pelos políticos saquaremas em todo o Império brasileiro.

É interessante observar que a região compreendida pelo município de Mariana, a Metalúrgica-Mantiqueira, segundo Ricardo Arreguy Maia (1991, p.83), compunha-se mais de políticos liberais do que de conservadores, ao contrário do restante da província mineira. Nesse sentido, a região supracitada já havia se consolido como tradicional centro administrativo em função do seu passado minerador. Portanto, segundo o mesmo autor, não está em jogo, para a região em foco, a afirmação da autoridade diante do território.

---

6 O nome Mariana foi uma homenagem à esposa de D. João V, a rainha D. Maria Anna D'Áustria, razão pela qual a nova cidade passou a denominar-se Leal Cidade de Mariana. Cf. Almeida, 1994, p.47.

Pelo contrário, ela oferecia as condições próprias para a divulgação de informações capazes de indagar sobre os vínculos estabelecidos entre centro e periferia. Estas e outras considerações a respeito da reorganização da Guarda Nacional marianense terão lugar em outra parte deste trabalho. Por ora, vamos nos deter no processo de proposta e nomeação dos oficiais que veio a substituir o pleito eleitoral do oficialato civil.

A oficialidade da corporação civil: da "inconveniência de comandar por graça dos seus súditos"[7] à nomeação de "indicados [que] tem todos os requisitos para bem desempenhar aqueles postos"[8]

Logo de imediato, percebe-se pelas palavras que intitulam este tópico que, desde a criação da milícia o processo, eletivo para a escolha dos oficiais da Guarda Nacional foi alvo de diversas queixas e críticas. Queixas que, na verdade, diziam mais respeito ao *status* socioeconômico do oficial eleito, do que à sua real capacidade de comando e liderança. Mais uma vez, não podemos nos esquecer de que, ao nos referirmos à sociedade brasileira do século XIX, devemos ter em mente que ela era balizada pela escravidão. A esse respeito, Ilmar Mattos (1999, p.140) acentua:

> Anotemos, contudo, que à desigualdade entre os homens somava-se à desigualdade entre estes e a massa de escravos, a dis-

---

7 Fala dirigida à Assembleia Legislativa Provincial de Minas Gerais na abertura da sessão ordinária do ano de 1844 pelo presidente da província, Francisco José de Souza Soares d'Andrea. Rio de Janeiro, Typ. Imp. e Const. de J. Villeneuve e Comp., 1844. Disponível em: <http://brazil.crl.edu/bsd/bsd/448/000023.html> e <http://brazil.crl.edu/bsd/bsd/448/000024.html>. Acesso em: 25 jun. 2007.
8 APM. SG113, caixa 227.

tinção tantas vezes já referida entre pessoas e coisas, distinção que, ao cabo, não deixava de construir uma igualdade entre os homens desiguais porque livres.

Apesar de "construir uma igualdade entre os homens desiguais porque livres", a escravidão, além de realçar a todo momento a noção de hierarquia, garantia também a ordem social no sentido de que todos se sentissem superiores a alguém. O senhor sobre seu escravo, o liberto sobre este, o homem livre e pobre sobre aquele, de tal modo que ninguém se sentia igual ou semelhante a outrem; pelo contrário, de acordo com as memórias de Francisco de Paula Ferreira de Resende (apud Mattos, 1999, p.106), "[...] não só as diversas raças nunca se confundiam mas muito pelo envez disso, cada raça e cada uma das classes nunca deixavam de mais ou menos manter e de conhecer o seu lugar".

Dessa forma, ao reunir legal e juridicamente como iguais guardas brancos e não-brancos e a eleição "de indivíduos socialmente desprestigiados pela cor ou por suas atividades econômicas, para cargos de liderança" (Castro, 1977, p.237), constituíam, por si sós, elementos potencialmente perigosos para a manutenção do *status quo*. Na verdade, estabelecia-se uma vertigem social, à medida que as autoridades imperiais esperavam que os cargos fossem preenchidos por pessoas qualificadas socialmente e, sobretudo, detentoras de riquezas (Faoro, 1979, p.621).

Como indício dessa mentalidade, consideramos como salutar o conteúdo do ofício do presidente da província de São de Paulo expedido ao ministro da Justiça sobre o pleito eleitoral da oficialidade da milícia:

A experiência tem demonstrado que os corpos são pouco próprios para fazer as propostas para oficiais, mormente não sendo livre ao governo prover no posto que lhe competir aquele indivíduo que porventura foi injustamente preterido nas mesmas propostas; convém, pois, para bem do serviço, que elas sejam feitas por chefes dos corpos, salvo, todavia, ao Governo o direito de nomeação, quando por acaso não forem contemplados os que deverem ser.[9]

No entender do executivo provincial, os guardas nacionais não possuíam "experiência" para escolher seus próprios chefes e, nesse sentido, o governo, impotente, não podia "prover no posto que lhe competir aquele indivíduo que por ventura foi injustamente preterido". Sendo assim, aquele, "para bem do serviço", deveria ter o direito de nomear "quando por acaso não forem contemplados os que deverem ser". Em outras palavras, "os que deverem ser" seriam justamente aquelas pessoas detentoras de reconhecido prestígio socioeconômico e fidelidade político-partidária. Ou, de acordo com Machado de Assis (1997, p.17), pessoas que angariassem o "amor da glória".

Nesse aspecto, a escolha do ofício de presidente paulista acima descrito não foi por acaso, pois seria justamente a província de São Paulo a primeira a legislar, precisamente em 1836, sobre as eleições dos oficiais da Guarda Nacional. Como consequência imediata, as demais não tardaram a fazer o mesmo. Pernambuco, Rio de Janeiro e Ceará legislaram sobre a milícia civil, alguns meses depois de São Paulo. Paraíba, Rio Grande do Norte e Goiás fizeram o mesmo em 1837. Em 1838, foi a vez da Bahia, Alagoas, Maranhão e Sergipe. Minas Gerais, Espírito Santo e Santa Catarina seguiram o exemplo em 1840 e Mato Grosso, em 1843. Por sua vez, São Paulo voltaria a legislar sobre a corporação civil em 1844 e 1846 (Castro, 1977, p.188-9).

No que diz respeito à província de Minas Gerais, observamos que no ano de 1834 o governo daquela província já havia aprovado um decreto que estipulava que os oficiais eleitos só tomariam posse mediante a aprovação do presidente da província.[10] Contudo, pa-

---

9 *Arquivo Nacional.* Correspondência dos presidentes da província de São Paulo com o ministro da Justiça, abril de 1838. Secretaria do governo de São Paulo, 20/7/1839 (apud Castro, 1977, p.186).

10 *Coleção de Leis da Assembleia Legislativa da Província de Minas Gerais.* Doravante CLAL-MG. Decreto de 14 de julho de 1834.

rece que tal decreto ao invés de normatizar e, consequentemente, controlar a escolha dos comandantes da guarda, gerava mais dúvidas do que esclarecimentos. Fato que podemos constatar por meio do ofício enviado pelo comandante superior da Guarda Nacional do município de Mariana ao vice-presidente da província:

O Decreto de 14 de julho do corrente ano [1834], Artigo 5º diz *"não tomarão posse dos postos os oficiais eleitos sem ordem do Exmo. Senhor Presidente da Província".* Desejo que V. Ex.ª ensine-me se devo mandar a relação dos oficiais eleitos com algumas observações sobre suas opiniões políticas, ou se devo sem elas, igualmente no caso de todos gozarem de boas opiniões, [ou] se devo mandar dar posse imediatamente e depois fazer chegar ao conhecimento de V. Ex.ª esta eleição que solicito saber por pretender assistir a esta eleição. (APM. SP, PP116, caixa 48. 22/9/1834, grifo do autor)

Percebemos claramente pelo ofício acima que o respectivo comandante superior acalentava várias dúvidas a respeito do decreto, uma vez que não sabia "se [devia] mandar a relação dos oficiais eleitos com algumas observações sobre suas opiniões políticas", o que denota claramente uma crescente instrumentalização da milícia, uma vez que o oficial eleito deveria, de certa forma, simpatizar com a política dominante. Além disso, o respectivo comandante não sabia se devia mandar a citada relação sem tais opiniões ou "se [devia] mandar dar posse imediatamente e depois fazer chegar ao conhecimento de V. Ex.ª". Essa última, por sinal, feria abertamente o conteúdo do próprio decreto.

Em que pesem as dúvidas e/ou constrangimentos que o decreto-lei de 14 de julho de 1834 pudesse proporcionar, em 1840 o governo provincial mineiro aprovaria outra lei concernente ao pleito eleitoral do oficialato da corporação civil. Esta ordenava que:

Os guardas nacionais que [...] tem direito de votar para a nomeação dos oficiais, *serão multados em dez mil réis pelo juiz de paz e escrutinadores, quando não comparecerem para dar o seu voto, ou não apresentarem escusa legítima*; devendo ser avisados por Editais afixados pelo menos quinze dias antes daquele que for marcado para a eleição, além da intimação dos respectivos chefes. (CLAL-MG. Lei de 16 de março de 1840. Art. 3º, grifo do autor)

Além da multa sem escusa justificada, o executivo mineiro, como meio de disciplinar ainda mais as eleições e, dessa forma, evitar possíveis abusos durante elas, decretou uma ordem do dia, a n. 2, de 7 de abril de 1843. Tal ordem prescrevia que os comandantes locais da Guarda Nacional deveriam comparecer e assistir pessoalmente às eleições dos oficiais. No impedimento destes, um oficial superior de estrita confiança deveria estar no seu lugar.

E o comandante que assistisse ao processo eletivo deveria ter ainda:

[...] uma relação nominal dos guardas da mesma companhia com a numeração seguida correspondente aos nomes e chamando-as por ela sucessivamente receberá deles as cédulas da eleição e sem as abrir lhes [acrescentará] por fora o número correspondente ao nome do votante e assim fechadas as [lançará] na urna. (APM, SP, caixa 336)

Desse modo, a ordem dia n. 2 retirava explicitamente o caráter secreto das eleições dos oficiais. Caráter esse, até então, prerrogativa da lei de criação da guarda de 18 de agosto de 1831. Em paralelo, a mesma ordem recomendava que:

Principiada a apuração, se o senhor comandante do batalhão ouvir publicar algum nome de indivíduo em que não caiba a votação, ou por ser proibido por Lei, ou porque a designação da pessoa indique falta de respeito a mesma pessoa, ou a outra qualquer, pedirá imediatamente a cédula ao presidente da mesa para ver somente o número e conhecido por ele o guarda que assim votou, o advertirá para que reforme a sua cédula, na qual tornará a por o mesmo número, continuando-se [a] apuração. Mas se o guarda recusar reformar a sua cédula, ou reincidir na mesma eleição, ou votar em outro indivíduo nas mesmas circunstâncias, será logo preso em flagrante como desobediente às leis e depois processado segundo as mesmas leis. (ibidem)

Pelo teor da ordem transcrita acima, deduz-se que, com a perda do caráter secreto do voto, os milicianos civis eram claramente coagidos a votar nas pessoas consideradas como "probas", para utilizar um termo da época, pelo oficial superior presente ao escrutínio. Isso porque, se a indicação de um "indivíduo em que não caiba a votação" ou "a designação da pessoa indique falta de respeito", "o guarda que assim votou" era imediatamente identificado pelo número da cédula apurada e advertido sob pena de ser "preso em flagrante como desobediente às leis", caso recusasse a retificar seu voto.

Ao atentar para o ano da instituição da ordem do dia n. 2, percebemos que ela foi decretada quase um ano após o levante liberal de 1842, no qual os liberais das províncias de Minas Gerais e São Paulo insurgiram-se contra a política dos regressistas, em especial a lei de interpretação do Ato Adicional e do Código do Processo Criminal.[11] Desse modo, em função da revolta liberal, o oficial a ser eleito, além de gozar de boa reputação socioeconômica, deveria ainda pactuar com a política dominante no tabuleiro político-provincial e nacional.

Uma possível prova disso são as expressões do tipo "são de confiança pública", "na pessoa de quem concorrem os requisitos necessários" e "o eleito tem todos os requisitos exigidos para o referido cargo, por ser dotado de boa conduta, honras e fortuna", como deixa entrever abundantemente a correspondência expedida e recebida pelos comandantes da corporação para o executivo provincial mineiro.[12]

---

11 Sobre a revolta liberal em Minas Gerais, cf. Marinho, 1977.

12 As expressões citadas encontram-se, respectivamente, nos seguintes documentos: APM, SP, PP116, caixa 54, 26/6/1843, caixa 56, 5/6/1847 e caixa

Em São Paulo, Jeanne Berrance de Castro (1977, p.221) observa procedimento semelhante:

> Uma característica marcante da documentação oficial paulista, após o movimento liberal, em especial nos anos de 1843-1844, foi a inclusão de uma informação de cunho político nas propostas para oficial da Guarda Nacional. Assim, "é amigo da Ordem e da Monarquia Constitucional" tornou-se quase uma fórmula nessas propostas.

Pelo exposto, evidenciamos um uso, uma instrumentalização cada vez mais política da Guarda Nacional, no sentido de que "alguns oficiais que ambicionando a reeleição ou elevação a postos superiores, não querem desagradar" seus subordinados, sendo, portanto, "demasiadamente indulgentes" por temerem "comprometimentos e inimizades".[13] Nesse sentido, como forma de combater a "inconveniência de comandar por graça dos seus súditos",[14] o governo provincial mineiro aprovou, em setembro de 1848, uma lei pela qual os postos do oficialato da Guarda Nacional na província de Minas Gerais tornavam-se vitalícios (CLAL-MG. Lei n. 367, de 30 de setembro de 1848).

Porém, decorridos apenas quatro meses, em janeiro de 1849, a mesma lei foi considerada inconstitucional pelo Conselho de Estado, o qual mediante, consulta e parecer sobre o conteúdo da lei, ordenou sua suspensão:

> [...] da dita lei provincial [...]. [Desse modo], continue esta presidência [de Minas Gerais] a guardar sobre esta matéria o disposto nas leis gerais de 18 de agosto de 1831, 25 de outubro de 1832 e na

---

46, 9/6/1845.

13 Fala dirigida à Assembleia Legislativa Provincial de Minas Gerais na abertura da sessão ordinária do ano de 1837 pelo presidente da Província, Antônio da Costa Pinto. Disponível em: <http://brazil.crl.edu/bsd/bsd/440/000049.html>. Acesso em: 1/10/2007.

14 Cf. o subtítulo deste item.

provincial de n. 170 de 16 de março de 1840 [...] o que lhe comunico para a devida inteligência e para que faça constar a Guarda Nacional sob seu comando. (APM, SP caixa 411)

Os motivos para a suspensão dessa lei prendiam-se mais à coloração político-partidária do oficial civil do que ao pleito eleitoral em si. Tanto que, em 1850, o ministro da Justiça justificou a atitude do Conselho de Estado, em virtude do perigo potencial que poderia advir da permanência de adversários políticos como oficiais da guarda (Castro, J. B. de, 1977, p.200).[15] Mas a aprovação da lei de reforma da corporação em setembro de 1850 tornara legal a vitaliciedade dos postos do oficialato (CLIB. Lei n. 602, de 19 de setembro de 1850, art. 71). Essa medida da assembleia-geral se explica, acreditamos, em função de que qualquer resolução sobre a Guarda Nacional deveria ser exclusividade unicamente sua e não de uma Assembleia Legislativa provincial. A esse respeito, convém lembrar que a Lei de 19 de setembro de 1850 coroou todo um processo de centralização da política imperial empreendido pelos conservadores, em especial pelo núcleo saquarema do Rio de Janeiro. Processo este que teve início com a lei de interpretação do Ato Adicional em 1840.

Entretanto, mesmo com essas considerações a respeito da política regressista, assim como as competências das Assembleias Legislativas provinciais e das Câmaras dos Deputados e Senadores, o perigo de se ter adversários políticos como comandantes da milícia civil era real e imediato. Indício disso é o ofício de um tenente-coronel da Guarda Nacional do município de Mariana, ao vice-presidente da província de Minas Gerais, o qual recomenda a demissão de alguns oficiais que, entre outras faltas, "são inteiramente contrários à política dominante":

---

15 A autora observa que o Conselho de Estado também tornara inconstitucionais as leis provinciais paulistas de 1844 e 1846 que versavam sobre a mesma matéria da lei provincial mineira.

O tenente-coronel do 3º batalhão da legião de guardas nacionais deste município faz-me sentir em seu ofício de 2 do corrente mês a necessidade de serem demitidos: Mariano da Costa Lana do posto de capitão da 2ª companhia de São Gonçalo por longe de cuidar da guarda passara o comando para um sargento e nem ao menos se tem fardado a muitos anos; Manoel Mariano da Costa Lana Filho do posto de secretário do batalhão e, finalmente, Felício Ferreira da Silva do posto de tenente da companhia da Saúde por que sendo hoje domiciliado na freguesia de Paulo Moreira não se presta ao serviço como cumpre; *advertindo que todos eles são inteiramente contrários à política dominante* e não merecem nenhuma confiança pelo que tenho a honra de fazer subirem a presença de V. Ex.ª estas considerações para que se digne determinar a respeito. (APM, SP, PP116, caixa 56. 17/12/1849, grifo do autor)

Obviamente, por serem "contrários à política dominante", não convinha, pois, que os oficiais acima citados continuassem como oficiais da Guarda Nacional. Isso porque, conforme assunto aqui discutido, as políticas de negociação e conciliação, matizadas pelas trocas de favores, eram primordiais para assegurar a autoridade do governo central, assim como dos notáveis locais. Esses dependiam daquele e vice-versa. Tendo em mente esse corolário, podemos inferir que aos dirigentes do Paço imperial não seria nada conveniente pactuar com comandantes que despertassem "nenhuma confiança".

A recomendação para a destituição dos oficiais acima citados foi acatada pela presidência da província, a qual ordenou "propor pessoa idônea para ocupar o posto de secretário e mandar proceder a eleição para o preenchimento das vagas dos oficiais da companhia" (APM, SP, caixa 433). Mais do que uma simples ordem de demissão, explicitava-se uma preocupação emanada pelas autoridades para que a proposta e a nomeação dos candidatos a oficiais recaíssem preferencialmente sobre "pessoa idônea" e não, como dito anteriormente, em "um pessoal menos digno" (RPP, Carlos Carneiro de Campos, 1858).

Todavia, oficiais refratários aos interesses políticos dominantes não eram os únicos a representar um perigo em potencial. Havia também os juízes de paz.[16] Esses poderiam obstar os interesses do Paço imperial, ao manipular o resultado eleitoral a favor de correligionários, a exemplo do ofício de um oficial da Guarda Nacional de Mariana enviado ao vice-presidente da província de Minas, o qual reprovava a conduta de um certo juiz de paz:

Tenho a honra [de] levar a presença de V. Ex.ª a ata pela qual foram, no dia 21 de mês de janeiro, eleitos para oficiais da 1ª companhia de guardas nacionais no distrito de São José da Barra Longa, os cidadãos na mesma mencionados. Tendo também de fazer chegar ao conhecimento de V. Ex.ª em resumo, o que me fez ver o tenente-coronel chefe daquele batalhão em seus ofícios de 6 do corrente mês que a qualificação da Guarda Nacional naquele distrito está no pior estado; que em outubro oficiou o atual juiz de paz para proceder a eleição dos mencionados oficiais, o que ele não cumpriu e só agora em 21 de janeiro; tendo o mesmo passado guardas da 1ª para a 2ª companhia sem participar ao mesmo tenente-coronel; *outros manejos mais foram empregados afim de poder nomear oficiais pertencentes ao seu credo político*; e que por estas razões não são da confiança do dito tenente-coronel [...]. (APM, SP, PP116, caixa 56. 15/2/1850, grifo do autor)

Quase um mês depois, outro oficial voltaria a denunciar as arbitrariedades do juiz de paz de Barra Longa. Dessa vez, o ofício em questão continha mais detalhes sobre os "manejos" do citado juiz:

16 Pela lei de 18 de agosto de 1831, os juízes de paz foram incumbidos de presidir as qualificações, o pleito eleitoral da guarda, bem como, na qualidade de autoridade civil, requisitá-los para diligências as mais diversas. Além disso, o juiz de paz era um cargo eletivo que, com a aprovação do Código do Processo Criminal de 1832, detinha poderes policiais, podendo prender e julgar pequenos delitos. Posteriormente, tais poderes foram retirados pela lei de interpretação do mesmo código, em 1841, que redirecionou suas funções para os delegados e subdelegados de polícia, cargos de nomeação do governo central. Para mais detalhes sobre a atuação dos juízes de paz. Cf. Flory, 1986.

O tenente-coronel do 3º batalhão da legião de guardas nacionais deste município representou-me em seu ofício de 6 de fevereiro as ilegalidades, com que o juiz de paz da freguesia da Barra Longa procedera ao conselho de qualificação naquela freguesia; expondo: 1º que essa escandalosa qualificação, se assim se pode chamar uma calculada decomposição da Guarda Nacional, foi feita somente pelo juiz de paz, em sua própria casa, de parceria com o escrivão e mais alguém de sua facção e depois apresentada aos eleitores para a assinarem. 2º que estes eleitores eram não o da presente legislatura, como cumpria, mas sim os da legislatura passada. 3º que o chamado conselho, ultrapassando ainda os limites de suas aparentes atribuições, impusera para a reserva guardas, que por nenhuma condição podiam ser retirados do serviço ativo; e ainda mais, fizera passagem de guardas nacionais da 1ª companhia [para a 2ª], quando no dia seguinte deviam eles votar na eleição de oficiais, como de fato compareceram a votar, segundo os avisos que tiveram, sabendo então no ato da chamada para a entrega das cédulas, que eles já estavam mudados de companhia; isto somente ao fim de impedir que recaísse a eleição, *mediante os votos destes guardas, em pessoas, que, por sua dedicação ao atual sistema da política, não podem agradar ao referido juiz de paz, chefe da oposição naquele lugar.* Mostrando depois o instinto que tem este juiz de paz para tudo que seja nepotismo, conclui por pedir que eu fizesse subir a presença de V. Ex.ª a sua exposição para que V. Ex.ª se dignasse eu declarar nula e de nenhum efeito tal qualificação [e] providenciar de modo que não possam vingar semelhantes arbitrariedades, em prejuízo da Guarda Nacional, em ofensa da moralidade pública, em afronta da lei. (idem, 5/3/1850, grifo do autor)

Esses textos evidenciam, mais uma vez, a instrumentalização política da Guarda Nacional, no sentido de que por uma assaz "calculada decomposição da Guarda Nacional", o magistrado civil "em sua própria casa, de parceria com o escrivão e mais alguém de sua facção", passou "para a reserva guardas, que por nenhuma condição podiam ser retirados do serviço ativo". E por que assim agiu o juiz de paz?

O motivo, conforme denuncia o ofício acima, tinha como meta, tão-somente, evitar votos "em pessoas, que, por sua dedicação ao atual sistema da política, não podem agradar ao referido juiz de paz, chefe da oposição naquele lugar".

Estas e outras arbitrariedades e abusos cometidos na Guarda Nacional pelos juízes de paz, bem como pelas Câmaras Municipais, fizeram o ministro da Justiça sugerir, certa vez, a divisão do "poder para dificultar o abuso".

Em sua opinião:

> [...] além de suscitar um sem número de conflitos sempre desagradáveis, embaraça extraordinariamente a marcha e brevidade das operações necessárias para o breve e regular andamento da instituição [Guarda Nacional]. Convém, sem dúvida, dividir o poder para dificultar o abuso.[17]

De modo geral, as autoridades tinham plena convicção de que a demissão de um oficial da milícia fazia-se consoante aos interesses políticos vigentes. Sendo assim, a destituição de um comandante ocorria não pelo fato de este não preencher "bem as suas funções", mas por deixar de atender aos interesses de um "indivíduo que tem em vistas subir ao poder". A constatação de que a Guarda Nacional "faz um desserviço" foi tema de discussão no Parlamento:

> Presentemente o governo nomeia e demite os oficiais da Guarda Nacional. Quero persuadir-me que quando o governo demite um oficial da Guarda Nacional é porque está persuadido que ele não preenche bem as suas funções; entretanto parece na maior parte das vezes que é porque este oficial não está em harmonia com sua política, porquanto nós vemos que quando uma política sobe, também

---

17 *Relatório da Repartição dos Negócios da Justiça*, 1838 (apud Castro, J. B. de, 1977, p.190). Observamos neste relatório uma invocação ao passado clássico greco-romano, no qual, em Roma, os governantes deveriam "dividir para governar".

sobe um grupo de oficiais da Guarda Nacional que são demitidos quando esta política deixa de dominar. Assim, longe da Guarda Nacional prestar verdadeiro serviço público, só presta serviço a um ou outro indivíduo que tem em vistas subir ao poder, e uma tal Guarda Nacional em vez de servir ao país, faz um desserviço.[18]

Nesse aspecto, como forma de combater o "desserviço", assim como o citado "nepotismo" que atuava, não apenas, em declarado "prejuízo da Guarda Nacional", mas, acima de tudo e fundamentalmente "em ofensa da moralidade pública, em afronta da lei", foi aprovada em 19 de setembro de 1850, pelos políticos conservadores, a Lei n. 602, que reformou a Guarda Nacional em todo o Império.

Tal reforma fez mais do que simplesmente substituir o pleito eleitoral pelas propostas de nomeação do oficialato. No entender de Ilmar Rohloff de Mattos (1999, p.162), ela tinha por finalidade:

[...] subordiná-la ao Ministério da Justiça e aos presidentes de províncias e reafirmar uma hierarquização no interior da corporação por meio da nomeação para os postos da oficialidade, o que rompia com o mito da democracia que a lei de criação forjara ao determinar uma elegibilidade, de outro ela reforçava as linhas que separavam os "mundos" da sociedade imperial [...].[19]

As atribuições da lei de 19 de setembro de 1850 também receberam as considerações de José Murilo de Carvalho (2003, p.159), o qual assevera:

---

18 *Anais do Parlamento Brasileiro*, sessão de 1846 (apud Castro, 1977, p.223).

19 Os mundos citados seriam, respectivamente, do governo, do trabalho e da desordem. Eram "mundos que se tangenciavam, por vezes se interpenetravam, mas que não deveriam confundir-se, por meio da diluição de suas fronteiras, mesmo que os componentes da 'boa sociedade' fossem obrigados a recorrer à repressão mais sangrenta a fim de evitar que tal acontecesse" (Mattos, 1999, p.116).

A nomeação pelo governo dos delegados e subdelegados, assim como dos oficiais da Guarda Nacional a partir de 1850, não só não violava a hierarquia local de poder, como até mesmo a protegia ao poupar aos poderosos os riscos de uma eleição. O governo trazia para a esfera pública a administração do conflito privado, mas ao preço de manter privado o conteúdo do poder.

Como meio de "poupar aos poderosos os riscos de uma eleição", é interessante observar os prodígios de um visconde, desembargador de uma relação, que ao concorrer nas eleições para o quadro de oficiais da corporação, acabou por angariar uma patente de sargento que, de certa forma, não condizia com o seu *status* de desembargador:

> O visconde de Fiaes, antes de ser titular, ocupava o lugar de desembargador da relação concorrendo a uma eleição na Guarda Nacional, fora eleito coronel comandante de batalhão, na 2ª eleição obteve o posto de capitão e na 3ª eleição, porém, só alcançou a graduação de sargento (Querino, *A Bahia de outrora*, apud Castro, 1977, p.142).

Em todo caso, ao "manter privado o conteúdo do poder", os dirigentes imperiais esperavam contar com o apoio e a confiança de oficiais que servissem "com todas as honras, privilégios e isenções", a exemplo da nomeação de um tenente da Guarda Nacional do município de Mariana:

> Faço saber aos que esta carta patente virem que atendendo ao merecimento do tenente Manoel da Costa Pereira resolvi, em virtude do artigo 48 da lei n. 602 de 19 de setembro de 1850, nomeá--lo para o posto de capitão da 6ª companhia do batalhão n. 59 da Guarda Nacional do município de Mariana que servirá com todas as honras, privilégios e isenções que direitamente lhe competirem. Pelo que servirá ao mais graduado chefe do referido município, que lhe faça dar posse depois de prestar o devido juramento; os oficiais

superiores que o tenham e reconheçam como tal e a todos aqueles que lhe forem subordinados, que obedeçam e guardem suas ordens no que tocar ao serviço nacional, tão fielmente como devem e são obrigados. (APM, SG113, caixa 238)[20]

Pela nomeação acima transcrita notam-se não apenas as qualidades a serem exigidas pelo oficial em questão, mas também a afirmação, ou melhor, a reafirmação de uma hierarquia, na medida em que o tenente deveria servir "ao mais graduado chefe", assim como "todos aqueles que lhe forem subordinados" deveriam obedecer--lhe e acatar "suas ordens no que tocar ao serviço nacional, tão fielmente como devem e são obrigados".

Tal hierarquia, porém, pressupunha uma igualdade, pois os demais oficiais superiores deveriam naturalmente reconhecer o tenente "como tal". É indicada, portanto, no dizer de Georges Balandier (1982, p.17), uma "transfiguração provocada pelo poder, [por meio da qual] a encenação da hierarquia se torna evidente".

E por falar em poder, não podemos nos esquecer, conforme alerta o mesmo Balandier (ibidem, p.7), que:

O poder estabelecido unicamente sobre a força ou sobre a violência não controlada teria uma existência constantemente ameaçada; o poder exposto debaixo da iluminação exclusiva da razão teria pouca credibilidade. Ele não consegue manter-se nem pelo domínio brutal e nem pela justificação racional. Ele só se realiza e se conserva pela transposição, pela produção de imagens,

---

20 O artigo 48 citado é o seguinte: "A nomeação dos oficiais subalternos e capitães será feita no Município da Corte pelo governo e nas províncias pelos presidentes, sobre proposta dos chefes dos corpos e informação do comandante superior, onde o houver, observando-se a ordem gradual do acesso, de sorte que ninguém seja nomeado tenente ou capitão sem haver ocupado o posto imediatamente inferior. Excetuam-se desta regra os cirurgiões que poderão ser escolhidos dentre os simples guarda, ainda mesmo da lista de reserva, preferindo-se sempre que for possível, os que tiveram títulos conferidos ou aprovados pelas escolas de medicina do Império."

pela manipulação de símbolos e sua organização em um quadro cerimonial.[21]

No centro desse "quadro cerimonial" encontrava-se a figura do soberano, o imperador D. Pedro II, em torno do qual:

[...] tudo se relaciona [...], se simboliza e se dramatiza por ele: relações com o universo, no mundo exterior, no território político, no passado e, portanto na história, na sociedade e em suas obras. Ele está no centro da representação: palácio, cortesãos, desdobramento de força, cerimonial e festa, marcas de diferenciação e comportamento codificados. (Balandier, 1982, p.17)

E, para completar todo esse ritual de poder, faltava apenas ao oficial da Guarda Nacional prestar, para aquele que se encontrava "no centro da representação", juramento de fidelidade e de obediência à Constituição e às leis do Império brasileiro. E ainda o novo comandante da corporação deveria pagar pela patente a quantia de um mês de soldo, selo e taxas correspondentes aos dos oficiais do exército de semelhante posto. (CLIB. Lei n. 602, de 19 de setembro de 1850, arts. 57 e 59)

De modo geral, o oficial da milícia civil reafirmava-se como um súdito do Império sul-americano. Mas não era um súdito qualquer. Ele era um homem livre, proprietário de bens ou escravos, cidadão ativo detentor ainda das qualidades de eleitor. Afinal, de acordo com a lei da reforma de 1850, o comandante da Guarda Nacional somente seria nomeado se comprovasse possuir tal exigência, ou seja, 400$000 (quatrocentos mil réis) de renda líquida anual, o dobro da renda exigida para ser guarda na milícia (idem, art. 53).

Nesse aspecto em particular, os uniformes dos oficiais receberam uma atenção especial por parte das autoridades imperiais.

---

21 Bourdieu (1989, p.14) tece consideração semelhante a Balandier ao afirmar que os sistemas simbólicos de poder manifestam-se por meio de "relações de força que neles se exprimem só se manifestarem neles em forma irreconhecível de relações de sentido (deslocação)".

Assim, os uniformes do oficialato civil deveriam condizer com a importância e a distinção atribuída aos comandantes da Guarda Nacional (CLIB. Decreto n. 812, de 14 de agosto de 1851).[22] Seguindo de perto esse corolário, as fardas e uniformes militares, no entendimento de Roberto da Matta, direcionam para posições-chave na estrutura social, por se constituírem em símbolos de poder na escala social. O uso de tais trajes e seu formalismo condizem com a ordem cotidiana, o que, por sua vez, cria uma consciência aguda e sensível da ordem. Ademais, os uniformes simbolizam e operam identidades sociais bastante delimitadas em todas as esferas da vida social (Matta, 1997, p.61).[23]

No entanto, os homens do Paço imperial não se preocuparam apenas com os uniformes dos oficiais da Guarda Nacional. Em igual medida, preocuparam-se com as atitudes que estes deveriam adotar como comandantes da milícia. E como meio e forma de estilizar a conduta e o comportamento dos oficiais da corporação civil, os dirigentes imperiais aprovaram um decreto pelo qual procuravam normatizar os deveres e as obrigações do oficialato. Interessante observar nesse decreto que as tarefas atribuídas ao comandante superior, por exemplo, resumiam-se a cinco artigos apenas. Contudo, o primeiro possuía nada menos que vinte e sete parágrafos, dentre os quais, o citado oficial deveria não somente comandar os corpos sob seu imediato comando, mas, igualmente, remeter às autoridades competentes a correspondência, os mapas e numerário dos corpos e batalhões, mandar cumprir as ordens emitidas por essas autoridades, marcar os períodos de revistas e exercícios das companhias, proceder à proposta de nomeação dos guardas considerados como idôneos e capazes de ser comandantes, e deferir o juramento e a posse aos oficiais nomeados (CLIB. Decreto n. 1.354, de 6 de abril de 1854).[24]

---

22 "Marca os distintivos que devem usar os oficiais e inferiores das guardas nacionais do Império."

23 Sobre os uniformes da Guarda Nacional, cf. Almeida, 1998.

24 "Marca os deveres e atribuições dos oficiais da Guarda Nacional e providencia sobre as dispensas temporárias e licenças, ordens do serviço, revistas e exercícios."

Com essas considerações em mente, podemos afirmar que a reforma da milícia levada a cabo em 1850 foi o resultado de uma equação política iniciada com a Lei de Interpretação do Ato Adicional aprovado em 1840 pelos regressistas. Por meio dessas leis, consoante ainda com a Lei de Interpretação do Código do Processo Criminal de 1841, os políticos conservadores, como o visconde de Uruguai, por exemplo, pretendiam reverter uma situação de anarquia social que colocava em risco a integridade territorial do Império, bem como os direitos individuais dos cidadãos.

Para esses políticos, o Brasil era um país sem tradição de autogoverno, sem educação cívica, no qual o mundo da política era um mundo desvirtuado e à mercê das paixões políticas da localidade (Ferreira, 1999, p.79-80). Nesse aspecto, segundo advogava o político conservador Paulino José Soares de Sousa (apud Ferreira, 1999, p.79), visconde de Uruguai, era mister centralizar e fortalecer o poder do governo de tal modo que se evitasse "um castelo inexpugnável, não só para o lado oprimido, como ainda mesmo para o Governo central".

Ilmar Rohloff de Mattos (1999, p.203) assegura:

[...] a ação centralizadora que a instituição [Guarda Nacional] desenvolveu não se prende necessariamente àquelas regulamentações, e sim à sua rotina e ritual, poderosos e eficientes meios de difundir uma "civilização" – isto é, os princípios conservadores que também os saquaremas professavam. Entre os cidadãos ativos – os eleitores obrigados ao serviço nas principais cidades do Império, e que eram os principais portos exportadores; os votantes nos demais municípios – a Guarda Nacional foi o mais eficiente e poderoso agente difusor das noções de ordem, disciplina e hierarquia, da associação entre unidade do Império e unidade da Nação, do estabelecimento da relação entre Tranquilidade e Segurança Pública e Monarquia.

Não podemos esquecer que o ano de 1850 foi bastante emblemático ou, nas palavras de um contemporâneo, "caracterizado por grandes contratempos" (Joaquim Nabuco apud Mattos, 1999, p.156, nota 171) para o Império brasileiro. Foi o ano da proibição do tráfico negreiro pela Lei Eusébio de Queirós, cuja aprovação, revestida como um ato de soberania nacional, na verdade visava escamotear a pressão britânica pelo fim do tráfico intercontinental de cativos (Mattos, 1999, p.156).

No mesmo ano de 1850 foi promulgada a Lei de Terras,[25] e também o Código do Comércio. Além disso, o País não mais se encontrava convulsionado pelas revoltas intestinas que tanto caracterizaram o período regencial. Dessas revoltas, o último estertor de agitação interna foi a Praieira, em Pernambuco.

Esta, nas palavras de Izabel Marson (1987, p.10), foi:

A face mais densa e intrigante da complexidade e da reapropriação [...] de se prestar aos desígnios de teorias de revolução e práticas político-partidárias, pela possibilidade de ser relacionado a um momento especial da história das revoluções na Europa e, por decorrência, no Brasil. A "Praieira" representaria o episódio brasileiro no "ciclo revolucionário europeu de 1848", portanto um capítulo indispensável em qualquer interpretação da história do Brasil preocupada em traçar os rumos de uma "revolução" burguesa ou popular.

Consolidado internamente, o Império brasileiro, ou na opinião de Marson (ibidem, p.19), "o Império do Progresso sobre a memória da guerra", lançava-se agora para o exterior, em especial para a região do rio da Prata, como forma de assegurar, como dizia o barão de Mauá, "a influência que lhe dá direito sua posição de primeira potência na América do Sul" (Mattos, 1999, p.162).[26]

Mas, e a Guarda Nacional? O que se esperava e qual o lugar ocupado pela milícia com as suas companhias e batalhões num

---

25 Sobre a lei de terras, cf. Silva, 1996; Martins, 1979.
26 Sobre as relações entre o Império brasileiro e os países platinos, cf. Costa, 1996, em especial o capítulo II, "A questão platina e as contradições do Império".

Império que tinha os pés no continente latino-americano e a face voltada para a Europa? A corporação, ao menos para o presidente da província de Minas Gerais, encontrava-se "inteiramente desorganizada em alguns pontos da província". Em outros, porém, "tem prestado serviços em auxílio à polícia por meio de destacamentos".

Esse feito, por sinal, era "credor dos maiores elogios, pelo sacrifício que tem feito com o longo e pesado ônus de destacamento" (RPP, Venâncio José de Oliveira Lisboa, 1873).

Com estas e outras questões em mente, vejamos a seguir como se processaram os trabalhos da reorganização da guarda no município de Mariana.

3
A REFORMA DA GUARDA EM MARIANA (MG): NOVAS HIERARQUIAS, COMANDOS E FUNÇÕES?

No capítulo antecedente, vimos que algumas localidades da província de Minas Gerais mostraram-se bastantes refratárias aos trabalhos da reorganização da Guarda Nacional. Os motivos alegados pelas autoridades iam desde as enormes distâncias da província, à própria burocracia provincial, com seus decretos e leis complementares à lei de 19 de setembro de 1850 e aos interesses particulares da sociedade local. Entretanto, a despeito dessas dificuldades, algumas municipalidades reformaram os corpos da corporação civil nos moldes da Lei n. 602.

Dentre elas, destacou-se a de Mariana, cuja reforma da Guarda Nacional voltou-se em especial às qualificações do serviço ativo e da reserva.

A leal cidade de Mariana: paisagem pitoresca para os viajantes estrangeiros e grande núcleo populacional de escravos

Mariana situa-se na região denominada Metalúrgica-Mantiqueira. Essa região, na lição de Douglas Cole Libby (1988, p.43):

[...] constituiu o núcleo minerador original da capitania das Minas, continuou sendo a mais populosa e urbanizada região mineira ao longo do século XIX. Sua importância se expressa no fato de que aí estão localizados a capital, Ouro Preto, a sede do bispado mineiro, Mariana, e os dois maiores entrepostos comerciais de Minas no século [XIX], São João del-Rei e Barbacena.

Afora as características acima, a região compreende ainda uma zona de extenso planalto na serra da Mantiqueira. As dimensões dessa elevação montanhosa estendem-se, a oeste, em direção ao rio Grande e às nascentes do rio São Francisco; ao norte e nordeste, em direção aos rios das Velhas e Doce. Nesse planalto erguem-se ainda outras elevações montanhosas, como a serra do Espinhaço, cuja extensão divide a bacia do rio Doce da do São Francisco.

O mapa a seguir permite visualizar a localização atual do município.

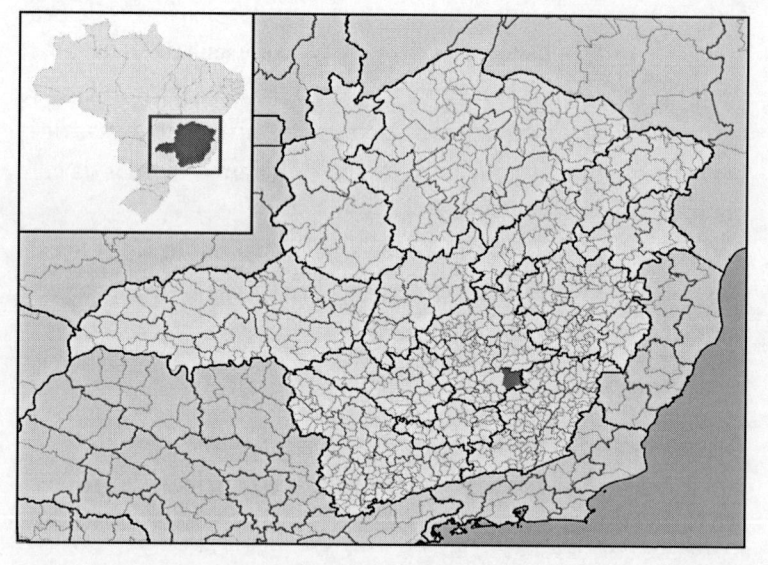

Mapa – Localização de Mariana (MG)
Fonte: <http://upload.wikimedia.org/wikipedia/commons/3/31/MinasGerais_Municip_Mariana.svg>. Acesso em: 1/2/2009.

Mariana, antigo arraial e vila de Nossa Senhora do Carmo, teve sua origem a partir da exploração do ouro no final do século XVII. A versão mais comumente aceita sobre a origem do arraial é aquela defendida por Diogo de Vasconcelos, o qual atribui a fundação do arraial, no dia 16 de julho de 1696, ao bandeirante paulista coronel Salvador Fernandes Furtado de Mendonça, cuja comitiva havia partido da vila de Taubaté, na capitania de São Paulo (Vasconcelos, 1974, p.156). Entretanto, Augusto de Lima Júnior (1966) sustenta outra versão: a de que seria João Lopes de Lima o primeiro descobridor e fundador do arraial, o qual teria chegado às margens do ribeirão do Carmo no dia 16 de julho de 1698:

> Em 1698, João Lopes de Lima, morador em Atibaia, em São Paulo, levando consigo o Padre Manuel Lopes e seu irmão, que tinha a alcunha de Dué, descobriu e ocupou o ribeirão que denominou de Nossa Senhora do Carmo, por nele ter chegado a 16 de julho do ano citado [...]. (Lima Júnior, 1966, p.31)

A despeito das discussões sobre a origem do povoado de Mariana, a região por ela compreendida foi visitada por vários viajantes estrangeiros ao longo do século XIX,[1] entre eles o naturalista inglês George Gardner (1975, p.227):

> Uma jornada de três léguas por uma região montanhosa e escassa de matas levou-me à cidade de Mariana, cujo aspecto e situação

---

1 Sobre os viajantes estrangeiros Márcia Naxara (2004, p.141-2) observa: "os viajantes estrangeiros eram atraídos pela curiosidade de conhecer e ver de perto as maravilhas e/ou o exotismo do mundo colonial descritos por aqueles que retornavam; pelo crescimento da imaginação a respeito do novo mundo e da sua população selvagem, alimentados desde o século XVI; pelas possibilidades vinculadas à colonização e à exploração de riquezas; e, importante, pelo interesse científico, parte desse amplo movimento de conhecimento do mundo, pautado pelas concepções da história natural e voltado para a observação e sistematização dos dados que pudessem ser observados na natureza e nas sociedades dos mais diversos lugares do mundo – flora, fauna, minerais, terras, gentes, costumes – um mundo enorme por conhecer, desbravar, coletar, comparar, inventariar, tendo em vista a elaboração de leis que contivessem valor universal".

muito me agradaram: ergue-se ao sudeste de largo e plano vale, no manso declive de uma elevação de terreno que rodeia a base da serra do Itacolomi. É de edificações mais compactas que as cidades que eu havia geralmente visto no Brasil; e, como tem diversas formosas e finas igrejas e as casas são em sua maioria amplas e caiadas, é no todo de aparência muito nobre. Nos subúrbios e na própria cidade, muitas casas têm pomares com bananeiras, laranjeiras e copadas jabuticabeiras, que, com seus diferentes matizes verdes, contrastam bem com as paredes das casas caiadas de branco. Passando pela cidade, achei-a tão quieta, que por pouco a imaginei deserta. Em algumas das suas ruas principais vi negociantes reclinados negligentemente sobre os balcões e nas escadas em frente da cadeia, uns poucos soldados montando-lhe guarda. Estes e um ou outro garoto preto acocorado a uma porta eram todo o sinal de vida na cidade, que se diz ter cerca de cinco mil habitantes. É antes uma cidade clerical que comercial, residência do bispo e sede de uma faculdade de teologia.

O relato acima sugere uma ideia de pitoresco, já que a "cidade de Mariana [...] ergue-se ao sudeste de largo e plano vale, no manso declive de uma elevação de terreno que rodeia a base da serra do Itacolomi". Tal ideia, aliada ainda à simpatia proporcionada pela visão geral da paisagem urbana, "é de edificações mais compactas que as cidades que eu havia geralmente visto no Brasil", relacionando-se, segundo Alexandre Mendes Cunha (2007, p.126), mais diretamente ao relevo, à flora, e até mesmo às condições climáticas da região, "do que com qualquer atributo da paisagem urbana propriamente dita".

Podemos entrever na narrativa do viajante inglês, elementos, conforme acepção de John Dixon Hunt (*L'art du jardin et son histoire*, apud Naxara, 2004, p.27-8), da chamada terceira natureza (*terza natura*), ou seja, o jardim destinado ao gosto e ao deleite da faina diária.[2] Dessa forma, "muitas casas têm pomares com bananeiras, laranjeiras e copadas jabuticabeiras".

---

2 De acordo com Hunt, a formulação da ideia da terceira natureza foi forjada no Renascimento e muito provavelmente teve origem na primeira e segunda

Porém, o que mais chama a atenção na exposição de Gardner, aliás, presente também na fala de outros viajantes,[3] diz respeito ao acentuado caráter rural das povoações mineiras, "passando pela cidade, achei-a tão quieta, que por pouco a imaginei deserta". "Estes e um ou outro garoto preto acocorado a uma porta eram todo o sinal de vida na cidade, que se diz ter cerca de cinco mil habitantes". Pelas considerações de Alexandre Cunha (2007, p.127), o complexo formado pela dinamização da economia mineira colocou em questão as transformações articuladas entre o urbano e o rural. Sendo assim, o urbano seria responsável pela irradiação ou, quando muito, por destacar a especialização das atividades econômicas a partir dos espaços citadinos centrais criados ao longo dos setecentos. Seguindo essa lógica, o rural não seria apenas o desenvolvimento do campo com relativa autonomia, mas o rearranjo de uma integração com os núcleos urbanos intermediários que no começo dos oitocentos estenderam-se para as regiões mais dinâmicas da economia de base agropecuária. Nas palavras do próprio autor:

> Ou seja, o tema da ruralização na virada para o século XIX não pode ser entendido nem como uma continuação do desenvolvimento do campo por conta da agricultura e pecuária, já em evidência na primeira metade do século XVIII, tampouco como algo apartado da urbanização. Trata-se, sim, de um processo espacial complexo, fruto da própria complexificação da base econômica, produzindo novas relações de centralidade, e nisto bases para novo

---

naturezas de Cícero. A primeira (*natura*) define a natureza em seu estado natural, puro e virginal; ao passo que a segunda (*altera natura*) diz respeito ao espaço agrícola alterado pela ação humana.

3 Augusto Saint-Hilaire (*Viagem às nascentes do Rio São Francisco* apud Cunha, 2007, p.127), por exemplo, passando por Araxá, observou: "Durante a semana a maioria das casas de Araxá fica fechada. Seus donos só ali aparecem aos domingos, para assistirem à missa, passando o resto do tempo em suas fazendas. Só permanecem nas cidades, nos dias de semana, os artesãos – alguns dos quais bastante habilidosos – as pessoas sem profissão, alguns comerciantes e as prostitutas. O que acabo de dizer aqui pode ser aplicado praticamente a todos os arraiais da província de Minas".

desenho regional, e de forma mais ampla, neste imbricamento de urbano com o rural, possibilitando interpretações novas e com outros pressupostos para certos processos sociais e políticos em curso nas Minas desse tempo. (ibidem, p.127)

No que diz respeito à economia de base agropecuária, bem como ao seu caráter mercantil de subsistência, não concordamos com aquela visão sustentada por uma parcela da historiografia que postula um estado de decadência e/ou retração econômica para Minas Gerais no período pós-auge minerador.[4] Carla Almeida diz que a resposta para a intrigante pergunta sobre o perfil econômico das Gerais, no período posterior ao fausto aurífero, incorre precisamente no tipo de interpretação da economia colonial como um todo e no nível de importância atribuída ao mercado interno que, de certa forma, entrevia unicamente as variáveis externas na explicação das transformações e contradições da realidade colonial brasileira. Tal interpretação fez por prevalecer, segundo a autora, a análise que considerava o período pós-mineratório como de estagnação e decadência das atividades econômicas (Almeida, 1994, p.56 e ss.).

De fato, novos estudos apontam que em vez de estagnação ocorreu, na verdade, um rearranjo das atividades econômicas, nomeadamente para aquelas áreas que abasteciam os centros mineradores e que, posteriormente, passaram a abastecer o mercado do Rio de Janeiro após a transferência da família real portuguesa para o Brasil (Lenharo, 1993).[5]

Diante dessas considerações, o que dizer do perfil socioeconômico do município de Mariana? Com base nessa indagação, podemos afirmar que mesmo com o declínio da exploração aurífera,[6]

---

4 Os principais representantes dessa visão são respectivamente: Simonsen, 1977, e Furtado, 1977.

5 Ver também sobre a produção historiográfica que revisa e/ou contesta a decadência econômica pós-mineratória: Almeida, 1994, p.56-72; Andrade, 1994, p.1-13; Magalhães, 2004, p.33-9.

6 A ideia de declínio da mineração deve, no mínimo, ser relativizada. Embora não desempenhasse mais um papel preponderante na economia mineira como

verificado a partir da segunda metade dos setecentos, a região compreendida pelo termo de Mariana ainda guardava importantes funções: religiosas, administrativas e educacionais. E, também, a diversificação das atividades econômicas que se estabeleceram desde os primórdios da mineração para sanar os problemas relacionados à fome, bem como a crise de abastecimento dos gêneros alimentícios, legando ao termo em questão a agropecuária como principal atividade econômica ao longo de todo o século XIX, principalmente nas áreas compreendidas pela Zona da Mata, região de densa floresta de Mata Atlântica.

Nesse aspecto, a atividade agropecuária possuía um caráter marcadamente mercantil de subsistência, fato que chamou a atenção do viajante francês Augusto de Saint-Hilaire (1938, p.142, grifo do autor):

> Hoje em dia não existem em torno de Mariana mais que quatro lavras em exploração; mas a gente pobre vai procurar no leito dos córregos as parcelas de ouro que as enxurradas acarretam. *O comércio dessa cidade limita-se ao consumo interno*; existem poucas lojas, e apenas dois ou três comerciantes ricos.

Pelo relato acima, Saint-Hilaire destaca que em Mariana existiam "poucas lojas e apenas dois ou três comerciantes ricos". A despeito das suas impressões,[7] segundo dados coligidos por Clotil-

---

um todo, a exploração do ouro, ferro e de pedras preciosas era ainda praticada. Ao referir-se ao declínio dessa prática deve-se pensar, no entanto, na defasagem das técnicas extrativas. Para maiores detalhes, cf. Slenes, 1988, p.449-95.

7 Sobre as impressões sentidas e anotadas pelos viajantes, Naxara (2004, p.146) assinala que, na maioria das vezes, havia uma distância entre esta e o momento de compilação da narrativa. Nas palavras da própria autora: "Interessante notar que, grande parte das vezes, há uma distância entre o momento da tomada de notas, impressões, esboços e rascunhos pelo viajante e a organização de um texto narrativo definitivo, ou da pintura, que passa por um outro crivo em que se imiscuem e alternam as notas, a memória e a sua organização a partir dos cânones artísticos e literários, assim como do lugar que possam vir a ocupar na cultura mais ampla".

de Paiva e Marcelo Godoy (2002, p.134), o município de Mariana possuía um grande número de engenhos, bem como de casas de negócios. Estas eram 525 e aqueles, 293. E em termos populacionais, na década de 30 do século XIX, a municipalidade reunia a maior concentração de população livre (37.020) e a segunda maior população de escravos (20.673) da província mineira. A concentração cativa era inferior apenas à de São João del-Rei. Isto, para uma província como Minas Gerais, que possuía a maior população livre e escrava de todo o Império brasileiro (Andrade, 1994, p.7).[8]

Diante dessas evidências, torna-se difícil crer em uma situação de retração e/ou estagnação das atividades econômicas para a região compreendida pelo termo de Mariana. Sendo assim, vejamos como foram os trabalhos da reforma da Guarda Nacional naquela localidade.

A Guarda Nacional marianense: composição dos efetivos do serviço ativo e reserva

Antes de prosseguir com a análise propriamente dita, deteremos nossa atenção sobre a estrutura organizacional da milícia dada pela lei de 18 de agosto de 1831: as companhias de infantaria deveriam ser compostas de cem a 140 guardas nacionais sob o comando de um capitão em cada município do Império brasileiro; quatro a oito companhias formariam um batalhão, podendo, inclusive, um mesmo município compor duas companhias de caçadores; o estado-maior de cada batalhão seria composto pelos seguintes oficiais: um tenente-coronel, um major, um ajudante, um alferes porta-bandeira, um cirurgião ajudante, um sargento ajudante, um sargento quartel-mestre e um tambor-mor ou um corneta-mor. E aqueles municípios que não conseguissem reunir um número suficiente de

---

8 Ver também: Paiva; Godoy, 2002, p.134. A respeito das questões que envolvem uma série de indagações sobre o enorme plantel escravo na província de Minas Gerais no século XIX, cf. Martins, 2002, p.99-130.

guardas para estabelecer uma companhia, formariam uma seção de companhia de no máximo quarenta a cinquenta homens sob o comando de um tenente. Os corpos da cavalaria deviam seguir os mesmos critérios observados para a formação dos da infantaria. Os corpos da artilharia, por sua vez, ficavam a cargo do governo imperial, que deveria criar, nas províncias, as respectivas companhias e batalhões (CLIB. Lei de 18 de agosto de 1831, arts. 34 a 47).

A unidade maior de comando da Guarda Nacional era a legião. Esta era formada pelos municípios cujo número de efetivos qualificados para o serviço ativo da corporação excedesse mais de mil homens. O comando da legião ficava sob a responsabilidade de um coronel que formava o estado-maior composto por um major, um quartel-mestre, um cirurgião-mor e um tambor-mor (idem, arts. 48 e 49).

Assim, o município de Mariana contaria com duas legiões (CLIB. Decreto de 15 de outubro de 1832), cuja estrutura organizacional pode ser observada no Organograma 1.

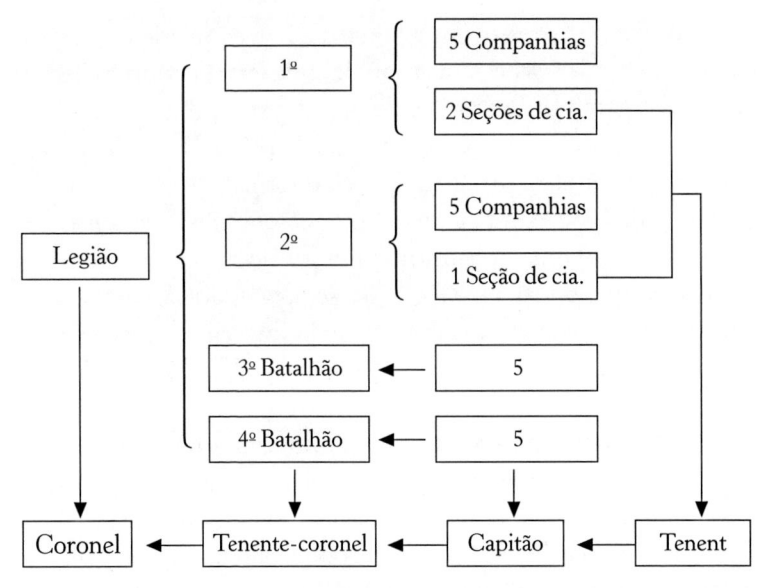

Organograma 1 – Estrutura e hierarquia de Comando da Guarda Nacional de Mariana (MG)

Esse organograma foi elaborado com base no "Mapa Geral da Legião da Guarda Nacional do Município de Mariana", consoante o Arquivo Público Mineiro (APM, SP, PP116, caixa 56, 30/11/1851). A força total da legião de Mariana era de 2.991 guardas nacionais, assim distribuídos: oficiais do estado-maior: dois; 1º batalhão com parada na cidade de Mariana, 718 milicianos; 2º batalhão com parada no distrito de Furquim, 532; 3º batalhão com parada no distrito de Barra Longa, 742; 4º batalhão com parada no distrito de Ponte Nova, 997. Porém, o que mais chama a atenção neste mapa é a sua data: 30 de novembro de 1851. Portanto, desde a promulgação da Lei n. 602, de 19 de setembro de 1850, passaram-se exatos catorze meses sem que os trabalhos da reforma da milícia tivessem início no termo de Mariana.

A despeito desse tempo, a reorganização da guarda marianense principiou no dia 31 de dezembro de 1851, com as qualificações para os corpos da infantaria e reserva. Em 1853, foi feita a qualificação para o corpo da cavalaria (Idem, caixas 56, 30/12/1851 e 18/10/1853).

Entretanto, a estrutura e a hierarquia de comando da corporação, que ainda obedeciam aos moldes da lei de agosto de 1831, foram reorganizadas por meio de um decreto, em julho de 1852 (CLIB. Decreto n. 1.020, de 16 de julho de 1852). Na verdade, não ocorreu uma mudança profunda, apenas formal, visto que a lei de setembro de 1850 extinguira o posto de coronel chefe de legião e o respectivo estado-maior, substituindo-os pelo de coronel-chefe do comando superior, com igual graduação para os oficiais do estado-maior. Não obstante, cada município do Império deveria possuir apenas um comando superior (CLIB. Lei n. 602, de 19 de setembro de 1850).

Dessa forma, o decreto de julho de 1852, seguindo as prerrogativas mencionadas, extinguiu as duas legiões da Guarda Nacional de Mariana, substituindo-as por um único comando superior. Paralelamente a essa mudança, o decreto manteve ainda os quatro batalhões de infantaria, porém com seis companhias cada um. Foi também criado um batalhão de reserva com seis companhias e um esquadrão de cavalaria com duas companhias (CLIB. Decreto n. 1.020, de 16 de julho de 1852, op. cit).

O Organograma 2 permite entrever a estrutura organizacional da milícia estabelecida pelo decreto citado.

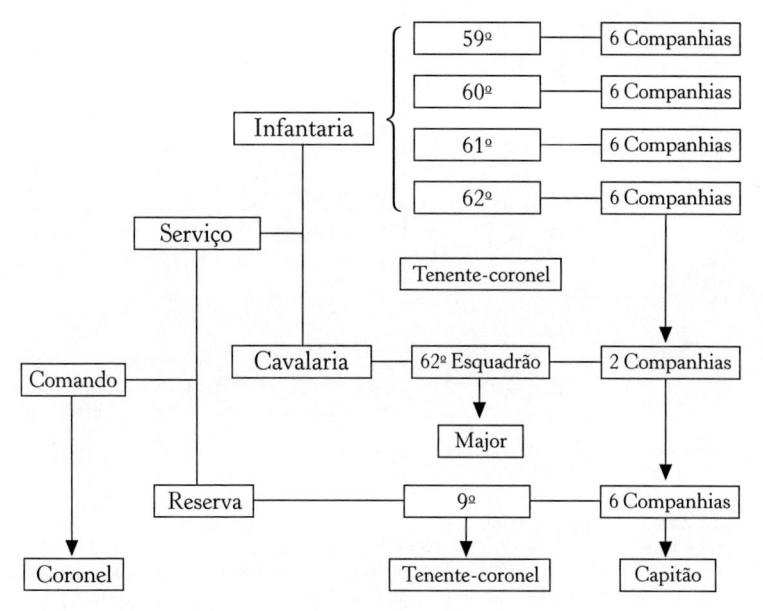

Organograma 2 – Estrutura e Hierarquia de Comando da Guarda Nacional de Mariana (MG) de acordo com o Decreto n. 1.020, de 16 de julho de 1852

Com a criação do comando superior da milícia, novos locais de parada foram designados para os batalhões da infantaria, da cavalaria e da reserva. Tais locais podem ser observados por meio da Tabela 2.

Uma vez conhecida a estrutura e hierarquia de comando da Guarda Nacional do município de Mariana, passemos à análise das qualificações do serviço ativo (infantaria e cavalaria) e da reserva realizadas, respectivamente, em 1851 e 1853.

Contudo, dois esclarecimentos são necessários.

Em primeiro lugar, as listas de qualificação. Os dados por nós coligidos de tais listas tornaram-se possíveis em função de elas serem bem precisas naquilo que diz respeito a informações como:

Tabela 2 – Local de parada dos batalhões da Guarda Nacional de Mariana (MG)

Batalhões			Local de parada
Serviço Ativo		Reserva	
Cavalaria	Infantaria		
10º			S. Sebastião da Pedra do Anta
	59º		Mariana, Camargos, S. Sebastião (atual Bandeirantes), Sumidouro (atual Padre Viegas) e N. S.ª do Nazaré do Inficionado (atual Santa Rita Durão)
	60º		Cachoeira do Brumado, S. Caetano (atual Monsenhor Horta) e Furquim
	61º		Barra Longa, Paulo Moreira (atual Alvinópolis) e N. S.ª da Saúde (atual Dom Silvério)
	62º		Ponte Nova*, Abre Campo e S. Sebastião da Pedra do Anta
		9º	Mariana, N. S.ª do Nazaré do Inficionado, Barra Longa, Ponte Nova, S. Sebastião da Pedra do Anta e Abre Campo.

Fonte: APM, SP, PP¹16, caixa 167, 14/2/1856.

*No que diz respeito à localidade de Ponte Nova, esta foi elevada à condição de cidade pela lei provincial n. 827, de 11 de julho de 1857, passando a compreender as freguesias até então pertencentes a Mariana: Abre Campo, Anta, Barra Longa e Santa Cruz do Escalvado. Além disso, em 1868 foi criado, em Ponte Nova, um comando superior que passou a compreender o 61º e o 62º batalhões de infantaria e o 10º esquadrão de cavalaria do comando superior de Mariana. Criaram-se ainda mais um batalhão de infantaria, o 105º, com quatro companhias, e um de reserva, o 16º. Contudo, para efeitos de análise, decidimos manter a formação do comando superior de Mariana nos moldes do Decreto n. 1.020, de 26 de julho de 1852.

nome, estado conjugal, faixa etária, profissão, local de moradia e renda declarada. Tais informações permitiram uma quantificação seriada dos itens citados. Entretanto, não queremos dizer que antes da reforma de 1850, tais dados não fossem observados no momento das qualificações. De certa forma, as listas careciam de uma sistematização e de um padrão uniforme.

Nesse aspecto, Jeanne Berrance de Castro (1977, p.110) comprova:

Os dados referentes à idade, domicílio, profissão e renda, nem sempre vinham juntos e a documentação, até 1850, é falha, pois, são raríssimas as informações completas. As mais comuns traziam nome, filiação, às vezes domicílio, profissão e renda. Em outros casos, só a profissão, e menos vezes, a renda, que todavia, era requisito estipulado por Lei. Não há absolutamente preocupação em fornecer dados precisos e a expressão, "mais ou menos" acompanha quase sempre as cifras relativas à renda. [...]. É normal essa imprecisão numa época em que as estatísticas exatas não tinham a força que hoje lhes atribuímos.[9]

Num primeiro momento, deparamo-nos com um universo total de 3.082 guardas nacionais, assim distribuídos: 2.306 para infantaria, 206 para a cavalaria e 570 para a reserva. Tal afirmação é possível porque a qualificação para a arma da cavalaria foi realizada dois anos após o alistamento para a infantaria e para a reserva. Ao compararmos os nomes presentes na lista da cavalaria, constatamos que alguns deles já haviam sido alistados na arma da infantaria e apenas um nome constava no alistamento da reserva. Nesse aspecto, tais nomes, que totalizaram 91, foram excluídos do alistamento da cavalaria. Portanto, o montante total de 206 guardas nacionais qualificados para essa arma caiu para 115 efetivos.

Em termos de quantificação e análise, trabalhamos com um total de 2.991 milicianos, cifra que, coincidentemente, é igual ao número de efetivos relacionados no mapa geral de novembro de 1851.

Em segundo lugar, há os critérios estabelecidos para análise dos dados presentes nas listas de qualificação: faixa etária, estado conjugal, ocupação e renda declarada. Para cada dado estabelecemos as seguintes categorias analíticas:

• Faixa etária: 18 a 44 anos, 45 a 59 anos e 60 anos ou mais;
• Estado conjugal: solteiros, filhos-família, casados (casados com e sem filhos), viúvos (viúvos com e sem filhos);

---

9 Outro fato a ser levado em consideração diz respeito à cor declarada dos guardas nacionais. Durante nossa pesquisa de mestrado no Arquivo Histórico da Câmara Municipal de Mariana, encontramos apenas uma lista do distrito de Nossa Senhora da Saúde que trazia tal dado. A cor declarada predominante era a parda.

- Ocupação: profissionais liberais e proprietários, artesãos e operários de profissão declarada, indústria e comércio, agricultura, ocupação indeterminada e assalariados sem profissão declarada;
- Renda declarada: 200$000 a 399$999, 400$000 a 799$999, 800$000 a 1:999$999 e 2:000$000 ou mais.

Tais critérios não foram estabelecidos aleatoriamente. Eles foram propostos por Francisco Eduardo Pinto (2003, p.88 e ss.) no seu estudo sobre a Guarda Nacional do município de São João del-Rei, o qual, por sua vez, baseou-se nos trabalhos de Clotilde de Andrade Paiva (1996) e Douglas Libby (1988).

Sendo assim, para a primeira categoria analítica, a faixa etária, Francisco Pinto (2003, p.105) adaptou de Paiva (1996, p.211) o grupo de 15 a 44 anos para de 18 a 44 anos, por ser essa idade a mínima exigida para o ingresso na milícia.[10] Critério que consideramos por bem adotar. Quanto à segunda categoria, o estado conjugal, seguimos as definições presentes nas listas de qualificação, o mesmo seguido por Eduardo Pinto (2003, p.109). Na terceira, a ocupação, adotamos o mesmo procedimento do autor, que fez uso das categorias analíticas utilizadas por Libby (1988, p.37, Quadro I).

Por fim, há a última categoria e, a nosso ver, a mais importante: a renda. Fazemos tal afirmação em função de que era justamente a renda o principal critério para o ingresso na Guarda Nacional. Dessa maneira, o primeiro grupo (200$000 a 399$999) justifica-se pela razão de ser 200$000 o valor mínimo exigido para o ingresso na guarda e, além disso, o valor exigido para o próprio miliciano ser considerado como votante nas eleições primárias do Império, de acordo com a Constituição de 1824. Pela lógica das eleições imperiais, o segundo grupo (400$000 a 799$999) foi adotado por serem estes os valores exigidos para a participação nas eleições secundárias, ou seja, como eleitor. O terceiro grupo (800$000 a 1:999$999)

---

10 Paiva utilizou os seguintes grupos: 0-14 anos, 15-44 anos, 45-59 anos e 60 anos ou mais. Para os termos de nossa análise, a categoria de 0 a 14 anos foi, evidentemente, excluída.

eram as rendas avaliadas para concorrer ao pleito eleitoral como senador, bem como para a compra de, pelo menos, três escravos em idade produtiva (15-45 anos). No quarto e último grupo (2:000$000 ou mais) inseriam-se os guardas considerados como abastados e capazes de adquirir grandes plantéis de escravos e terras (Pinto, 2003, p.98-9).

Entretanto, a importância que damos às rendas declaradas não se fez somente pelo fato de serem estas uma exigência para o ingresso na Guarda Nacional. Atribuímos tal destaque às rendas em função do fato de elas determinarem a capacidade dos guardas adquirirem ou não escravos. Afinal, para uma sociedade baseada na escravidão e para uma região como Mariana, detentora de um grande plantel de cativos, a posse de escravos era um critério fundamental na aferição do grau de riqueza e do prestígio social para aqueles que os possuíssem.

Nesse aspecto, Carla Almeida destaca que, em Mariana, o preço médio dos escravos, na década de 1850, variava em torno de 519$583. Para a autora, esse valor, que apesar do seu aumento devido à proibição do tráfico negreiro (nas décadas de 1830 e 1840 girava em torno de 310$281 e 407$273, respectivamente) não era, em si, impeditivo para a aquisição de cativos para a grande maioria da população marianense. Segundo Carla Maria Carvalho de Almeida (1994, p.72-3), os preços dos escravos em Mariana eram nove por cento mais caros em relação aos preços dos cativos na Corte do Rio de Janeiro.

Por fim, adotamos as categorias analíticas de Francisco Pinto, em função de seu trabalho abordar o mesmo período por nós analisado (1850-1873). Outra razão para tal procedimento deve-se ao fato de utilizarmos o trabalho desse autor como meio e forma de comparar seus dados com os nossos, haja vista ter sido São João del--Rei um importante entreposto comercial no século XIX.[11]

---

11 Eduardo Pinto (2003, p.92) trabalhou com um total de 1.352 guardas nacionais assim distribuídos: 1.059 para o serviço ativo e 293 para a reserva. Pelo que pudemos constatar no trabalho do autor, a Guarda Nacional de São João del-Rei não contemplava corpos da cavalaria.

Sendo assim, temos a Tabela 3 e o Gráfico 1 para a faixa etária.

Tabela 3 – Efetivos da Guarda Nacional de Mariana (MG) por faixa etária

Faixa Etária	Efetivos	%
18-44 anos	2.410	80,6
45-59 anos	524	17,5
60 anos ou mais	57	1,9
Total	2.991	100,0

Fonte: *APM*, SP, PP[1]16, caixa 56, 30/12/1851 e 18/10/1853.

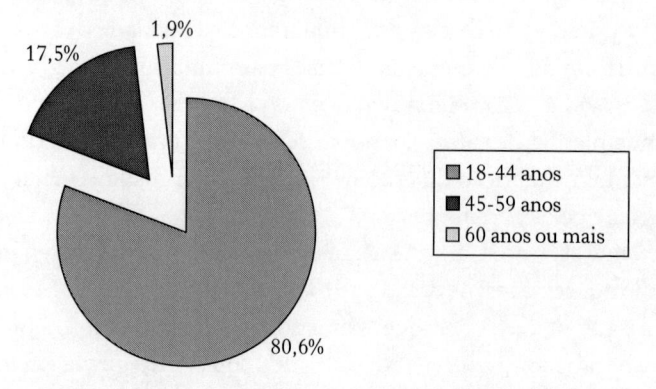

Gráfico 1 – Efetivos da Guarda Nacional de Mariana (MG) por Faixa Etária

Os dados obtidos na tabela e gráfico acima permitem observar que 80,6% dos guardas nacionais qualificados tinham idade entre 18 e 44 anos; 17,5%, entre 45 e 59 anos, e um pequeno percentual, 1,9%, tinha mais de 60 anos. Para a corporação de São João del--Rei, Francisco Pinto (2003, p.106) obteve os seguintes resultados: 78,41% entre 18 e 44 anos, 20,71% entre 45 e 59 anos e 0,88% com mais de 60 anos. Esses resultados permitem inferir sobre a expectativa de vida da população, pelo menos no que diz respeito aos guardas nacionais em idade produtiva nas Gerais do século XIX. Pelas cifras obtidas, constata-se que a sua expectativa de vida não passava dos 50 anos de idade. Contudo, devemos levar em consideração que o pequeno percentual dos guardas com mais de 60 anos justificava--se por ser essa a idade estipulada por lei para a inclusão na reserva (ibidem, p.106).

Quanto à distribuição da faixa etária por serviço ativo e reserva, temos os seguintes dados dispostos na Tabela 4.

Tabela 4 – Efetivos da Guarda Nacional de Mariana (MG) por Faixa Etária (Ativa e Reserva)

Faixa Etária	Serviço Ativo			%	Reserva	%
	Infantaria	%	Cavalaria			
18-44 anos	2.162	93,8	113	98,3	135	23,7
45-59 anos	144	6,2	2	1,7	378	66,3
60 anos ou mais	0	0,0	0	0	57	10
Total	2.306	100,0	115	100,0	570	100,0

Fonte: APM, SP, PP[1]16, caixa 56, 30/12/1851 e 18/10/1853.

Depreende-se pela tabela acima que a grande maioria dos guardas nacionais em idade produtiva arcava com todo o ônus do serviço ativo, 93,8% para a infantaria e 98,3% para a cavalaria, respectivamente. Contudo, no que diz respeito a essa última, Castro aventa a hipótese de que a qualificação para a arma da cavalaria seria um subterfúgio para a prestação de funções na milícia, pois na documentação por ela pesquisada havia casos de milicianos que "nem cavalos possuem... em que grande número deles se apresentaram em cavalos alugados" (Castro, 1977, p.179). Uricoechea (1978, p.185) também compartilha opinião semelhante, pois assevera que "a cavalaria era dispensada, em grande medida, da labuta constante".

No entender do mesmo autor:

Instituiu-se uma série de mecanismos que colocou em questão toda a noção do serviço litúrgico e que, em casos extraordinários, levou à recusa direta em cooperar. O recuso favorito era pedir transferência da infantaria para a cavalaria. Seria demais interpretar o número de pedidos de transferência para a cavalaria como uma tentativa de realizar um projeto pessoal de mobilidade ou como busca de uma afirmação de honra social. Por trás de muitos desses pedidos sem dúvida ocultava-se a motivação utilitária de evitar deveres aborrecidos. Esses pedidos se fazem ainda mais notórios uma vez que eram excepcionais os de transferência da cavalaria para a infantaria. (ibidem, p.186-7)

Todavia, devemos tomar o cuidado de não generalizar a afirmação de que a cavalaria seria um abrandamento do serviço na Guarda Nacional. Havia exceções, como, por exemplo, a província do Rio Grande do Sul. O próprio Uricoechea (ibidem, p.192) reconhece que aquela arma possuía contingentes consideráveis na província sulista. Ademais, trabalhos recentes atestam a peculiaridade da cavalaria da milícia gaúcha (Cf. Ribeiro, 2005; Fertig, 2010).

Detendo-nos, uma vez mais, na arma da cavalaria, é interessante observar que o ministro da Justiça, quando da reforma dos corpos da milícia em Minas Gerais, considerava desnecessária a presença de esquadrões dessa arma, pois ela:

> É mais própria de uma província central, onde não há receio de agressões estrangeiras nem litoral que defender. Demais, a Guarda Nacional é sempre menos própria para uma arma que para ser útil exige oficiais com estudos teóricos e praças amestradas por uma prática que a Guarda Nacional não pode adquirir.[12]

Mas parece que a opinião do ministro não mereceu a devida atenção. Sendo assim, diante das considerações já feitas sobre as prestações de liturgias na Guarda Nacional, a arma da cavalaria para os 115 guardas nela alistados poderia significar uma fuga ou, quando muito, um abrandamento dos serviços exigidos pela corporação, a despeito de esta arma ser "menos própria [...] que para se útil exige oficiais com estudos teóricos e praças amestradas".

Voltando nossa atenção sobre a faixa etária, salta aos olhos o elevado número de guardas com menos de 60 anos alistados na reserva: 513 milicianos (135 guardas entre 18 e 44 anos e 378 entre 45 e 59 anos). Apesar de uma série de isenções previstas na lei para a inclusão na lista da reserva, se nos ativermos somente à idade, é difícil crer que a grande maioria desses guardas fosse de "quebrados", sofressem "do peito" ou, simplesmente, incapazes de prestar

---

12 *Arquivo Nacional*, ofício do ministro da Justiça ao presidente da Província de Minas Gerais, 1851 (apud Uricoechea, 1978, p.185).

serviços por ser "aleijado de um dedo da mão esquerda" (APM, SP 1116, caixa 56, 30/12/1851).[13]

Com essas ponderações em mente, para os dados referentes ao estado conjugal, encontramos um grande número de guardas casados, assim distribuídos: 6,9% qualificados como casados, 43,9% com filhos e 9,1% sem. Havia também uma vasta cifra de solteiros, porém 33,1% foram alistados como solteiros e 3,7% como filhos--família.[14] Os viúvos, por sua vez, totalizaram 0,6%, sendo que 2% possuíam filhos e 0,7% não. Apenas três guardas (0,1%) não possuíam informação alguma (seus registros estavam em branco), razão pela qual os classificamos como sem informação.[15]

Tais números podem ser visualizados na Tabela 5 e no Gráfico 2.

Tabela 5 – Efetivos da Guarda Nacional de Mariana (MG) por estado conjugal

Estado conjugal	Efetivos	%
Solteiro	989	33,1
Filho-família	110	3,7
Casado	205	6,9
Casado com filhos	1.314	43,9
Casado sem filhos	272	9,1
Viúvo	17	0,6
Viúvo com filhos	61	2,0
Viúvo sem filhos	20	0,7
sem informação	3	0,1
Total	2.991	100,0

Fonte: APM, SP, PP[1]16, caixa 56, 30/12/1851 e 18/10/1853.

---

13 Conforme pudemos notar nas observações feitas no alistamento da reserva.

14 Filho-família seria aquele que, de acordo com o dicionarista Antônio de Moraes Silva, está sob pátrio poder. Silva, Antônio de Moraes, op. cit., p.103, nota 162.

15 Francisco Pinto (2003, p.102-3) chegou aos seguintes resultados: 58,43% de guardas casados, 48,44% com filhos, 8,28% sem, 38,09% solteiros, 6,43% de filhos-famílias, 3,03% viúvos, 2,36% com filhos, 0,36% sem, e apenas 0,44% não traziam registros quanto ao estado conjugal.

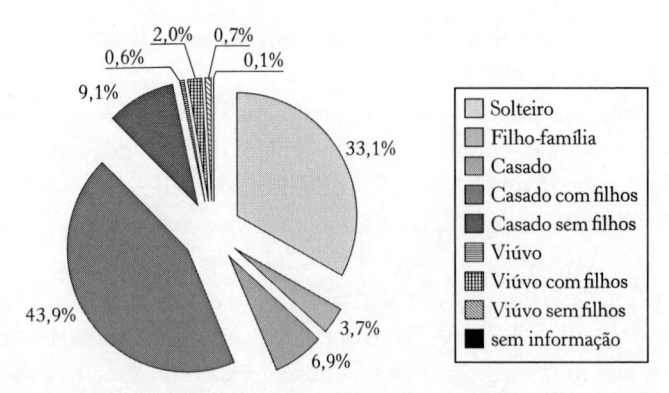

Gráfico 2 – Efetivos da Guarda Nacional de Mariana (MG) por Estado Conjugal

Observando-se os mesmos dados para a reserva e o serviço ativo, temos a Tabela 6 para o estado conjugal.

Tabela 6 – Efetivos da Guarda Nacional de Mariana (MG) por estado conjugal (Ativa e Reserva)

Estado conjugal	Serviço Ativo				Reserva	%
	Infantaria	%	Cavalaria	%		
Solteiro	857	37,2	38	33	94	16,5
Filho-família	94	4,1	15	13	1	0,2
Casado	147	6,4	10	8,7	48	8,4
Casado com filhos	935	40,5	46	40	333	58,4
Casado sem filhos	223	9,7	4	3,5	45	7,9
Viúvo	7	0,3	0	0	10	1,8
Viúvo com filhos	31	1,3	1	0,9	29	5,1
Viúvo sem filhos	11	0,5	1	0,9	8	1,4
sem informação	1	0,0	0,0	0,0	2	0,4
Total	2.306	100,0	115	100	570	100,0

Fonte: *APM*, SP, PP[1]16, caixa 56, 30/12/1851 e 18/10/1853.

Pelos resultados obtidos tanto da tabela 4 quanto da 5, conclui-se que das três categorias analíticas, o grupo representado pelos casados destaca-se como o de maior número: 1.305 (147 casados, 935 com filhos e 223 sem) na infantaria, 60 (10 casados, 46 com filhos e 4 sem) na cavalaria e 426 (48 casados, 333 com filhos e 45 sem) na reserva. Os solteiros, por sua vez, representam o segundo maior grupo: 951 (857 solteiros e 94 filhos-família) na infantaria, 53 (38 solteiros e 15 filhos-família) na cavalaria e 95 (94 solteiros e um filho--família) na reserva. O número de viúvos, entretanto, apresenta um relativo equilíbrio entre o grupo da infantaria, 49 (7 viúvos, 31 com filhos e 11 sem) com o da reserva, 47 (respectivamente, 10, 29 e 8).

Na análise da Guarda Nacional de São João del-Rei, Eduardo Pinto também constatou a presença de um grande número de casados, seguido pelo de solteiros. A diferença, porém, reside no número de filhos-família. Pelos dados do autor, tal cifra foi de 6,43%, ao passo que os nossos foram de 3,7%.

No tocante às ocupações, em primeiro lugar preferimos não seguir os critérios utilizados por Castro: profissões urbanas, rurais e indeterminadas, critérios esses adotados por Francisco Pinto (2003, p.108 e ss.). A razão para tal justifica-se pelo fato de que, a nosso ver, o urbano e o rural formaram em Minas Gerais um complexo espacial, cujo resultado proveio da natureza das atividades econômicas desenvolvidas ao longo do território mineiro, conforme tivemos a oportunidade de discutir no início deste capítulo (Cunha, 2007, p.127).

Em segundo lugar e o que mais pesou na nossa decisão de não seguir as categorizações adotadas por Castro e Pinto para as ocupações, diz respeito ao fato de que há profissões que atuam tanto no meio urbano quanto no rural. Dentro desse quadro profissional, podemos destacar os negociantes, caixeiros, arrieiros e os tropeiros. Essa última categoria ocupacional assume, por sua vez, certa indefinição social, devido à intermitência de sua atividade mercantil. Além disso, no mundo rural, o *status* socioeconômico aparece associado invariavelmente à propriedade fundiária, na qual o proprietário é reconhecidamente detentor de mais prestígio em comparação com o tropeiro itinerante.

Nesse aspecto, Lenharo (1993, p.93) assevera:

> [...] no universo social deste tipo de famílias produtoras de gêneros de subsistência mercantil, a categoria tropeiro aparece como um tipo social indefinido, ofuscado pela parametragem detida sobre a

categoria proprietário, densa e absolutizada, de quem o tropeiro se apresenta como se fosse apenas uma sombra.

Apesar de ser "um tipo social indefinido", Maria Sylvia de Carvalho Franco (1997, p.67) reconhece a importância do tropeiro, uma vez que

> [...] sua atividade firmou-se por ser indispensável a um momento das operações comerciais, que dependiam, contudo, de um deslocamento no espaço como equipamento tecnológico conservado da fase em que a produção tendia para o nível de subsistência.

Desse modo, temos a Tabela 7 e o Gráfico 3 sobre as ocupações.

Tabela 7 – Efetivos da Guarda Nacional de Mariana (MG) por ocupação

Ocupações	Efetivos	%
Profissionais liberais e proprietários	48	1,6
Artesãos e operários de profissão declarada	879	29,4
Indústria e comércio	601	20,1
Agricultura	1.355	45,3
Ocupação indeterminada	101	3,4
Assalariados sem profissão declarada	7	0,2
Total	2.991	100,0

Fonte: *APM*, SP, PP¹16, caixa 56, 30/12/1851 e 18/10/1853.

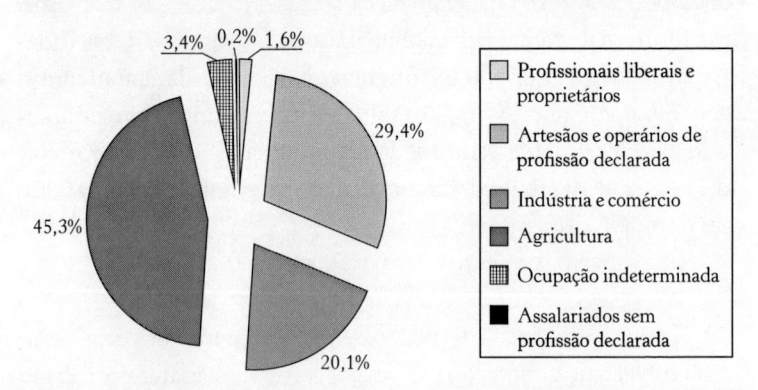

Gráfico 3 – Efetivos da Guarda Nacional de Mariana (MG) por Ocupação

Na Tabela 7 e no Gráfico 3 há a presença de um grande percentual de atividades rurais (45,3%), o que induz, num primeiro momento, a afirmar que a região compreendida pelo município de Mariana possuísse um caráter basicamente rural. Porém, da mesma tabela e gráfico podemos verificar que as ocupações relacionadas diretamente ou não ao meio urbano também possuem um percentual significativo: 51,1% (1,6% de profissionais liberais e proprietários, 29,4% de artesãos e operários de profissão declarada e 20,1% de indústria e comércio). De certa forma, notamos um equilíbrio entre os meios urbano e rural em Mariana, a julgar pelos dados obtidos a partir das listas de qualificação. É bem verdade que, nesse aspecto, para fazer esse tipo de afirmação, estamos analisando uma fração da população, principalmente a masculina e livre alistada na Guarda Nacional, e não o percentual populacional total.

Ao visualizarmos tais cifras entre o serviço ativo e a reserva, as atividades rurais são predominantes na arma da cavalaria. Elas mesmas representam 57,4% em relação a 43,6% da infantaria e 49,6% da reserva, conforme podemos ver na Tabela 8.

Tabela 8 – Efetivos da Guarda Nacional de Mariana (MG) por ocupação (Ativa e Reserva)

Ocupação	Serviço Ativo				Reserva	%
	Infantaria	%	Cavalaria	%		
Profissionais liberais e proprietários	18	0,8	1	0,9	29	5,1
Artesãos e operários de profissão declarada	708	30,7	15	13	156	27,4
Indústria e comércio	475	20,6	26	22,6	100	17,5
Agricultura	1.006	43,6	66	57,4	283	49,6
Ocupação indeterminada	92	4,0	7	6,1	2	0,4
Assalariados sem profissão declarada	7	0,3	0	0,0	0	0
Total	2.306	100,0	115	100	570	100,0

Fonte: APM, SP, PP[1]16, caixa 56, 30/12/1851 e 18/10/1853. As categorias referentes à ocupação foram tomadas de empréstimo de Douglas Libby (1988).

Prosseguindo nessa questão entre urbano e rural, podemos inferir sobre a predominância do primeiro e/ou do segundo por meio do cruzamento entre os dados da ocupação com os da localidade de registro dos guardas nacionais. Feito esse cruzamento, obtemos a Tabela 9.

Tabela 9 – Efetivos da Guarda Nacional de Mariana (MG) por localidade e ocupação

	Profissionais liberais e proprietários	Artesãos e operários de profissão declarada	Indústria e comércio	Agricultura	Ocupação indeterminada	Assalariados sem profissão declarada	Total
Mariana	32	171	78	44	2	0	327
Camargos	0	62	29	10	5	5	111
Inficionado	4	54	27	83	0	1	169
Sumidouro	0	24	28	11	3	0	66
S. Sebastião	0	48	9	3	4	0	64
Furquim	2	45	32	25	8	0	112
S. Caetano	1	99	70	47	0	1	218
Cachoeira do Brumado	2	58	71	69	12	0	212
S. Domingos	0	25	34	93	4	0	156
Barra Longa	0	53	55	145	1	0	254
Saúde	0	44	20	97	5	0	166
Paulo Moreira	1	54	21	162	12	0	250
Ponte Nova	3	37	53	173	17	0	283
Anta	3	105	74	393	28	0	603
Total	48	879	601	1.355	101	7	2.991

Fonte: *APM*, SP, PP[1]16, caixa 56, 30/12/1851 e 18/10/1853.

Os dados acima permitem entrever que as localidades com maior predominância de efetivos ligados às atividades rurais são Barra Longa (145), Paulo Moreira (162), Ponte Nova (173) e Anta (393). Interessante observar que esses assentamentos situam-se justamente na região da Zona da Mata, área de densa floresta de Mata Atlântica e com prevalência de atividades agropastoris, conforme já informamos.[16] Vale observar também que esses núcleos possuíam um expressivo número de guardas alistados. Nesse caso, Anta se destaca por abrigar batalhões e companhias das armas da infantaria e da cavalaria, bem como da reserva. Já aquelas comunidades com maior assentamento citadino (somando-se as categorias ocupacionais dos profissionais liberais, artesãos e comércio) ficam por conta de Cachoeira do Brumado (131), São Caetano (170) e a cidade de Mariana (281). Nessa última, a presença de tais ocupações justifica-se por ser a "residência do bispo e sede de uma faculdade de teologia", conforme observou Gardner.

Detendo-nos ainda por um instante na análise das ocupações, encontramos um grande número de trabalhadores da madeira (carpinteiros, marceneiros e carapinas). A significativa presença desses profissionais revela a importância a eles atribuída na vida cotidiana, visto que os utensílios domésticos e outros objetos eram quase todos confeccionados em madeira.

A esse respeito, Jeanne Berrance de Castro (1977, p.124-5) comprova:

> Pensando em termos gerais na arquitetura religiosa e civil, em móveis e utensílios e nos meios de transporte, podemos compreender a importância dos artesões da madeira no século XIX. Desde o período colonial, a madeira fora abundantemente utili-

---

16 Além disso, a região compreendida pela Zona da Mata abrange também a bacia do rio Doce, cujas extensões eram habitadas pelos ferozes índios botocudos. Estes eram os kamakân, os pataxós, os maxabalis, os puri-coroados. Contudo, eram designados como aimorés ou botocudos, pois usavam botoques no lábio inferior e nos lóbulos das orelhas. Eram também conhecidos como coroados, pois raspavam a cabeça em forma de círculo à semelhança de uma coroa. Durante a expansão e colonização da bacia do rio Doce, os botocudos viveram em permanente estado de guerra com os colonos, infligindo-lhes, inclusive, alguns revezes. Basta lembrar que as comunidades de Furquim e Barra Longa, em 1731 e 1733, foram arrasadas e destruídas por estes índios (Lewkowicz, 1992, p.35-6).

zada como complemento das construções civis e religiosas. [...] As estruturas das construções, desde as mais simples às mais fidalgas – os sobradões urbanos – utilizavam a madeira para os alicerces, armação do teto e amarração dos prédios, soalhos, rodapés, colunas internas, corrimões, tetos, forros, janelas e portas.

Por fim, chegamos à análise das rendas declaradas. Nesse aspecto, temos a Tabela 10 e o Gráfico 4 sobre as rendas dos guardas nacionais marianenses.

Tabela 10 – Efetivos da Guarda Nacional de Mariana (MG) por renda declarada

Renda	Efetivos	%
200$000 a 399$999	2.467	82,5
400$000 a 799$999	378	12,6
800$000 a 1:999$999	112	3,7
2:000$000 ou mais	34	1,1
Total	2.991	100,0

Fonte: *APM*, SP, PP[1]16, caixa 56, 30/12/1851 e 18/10/1853.

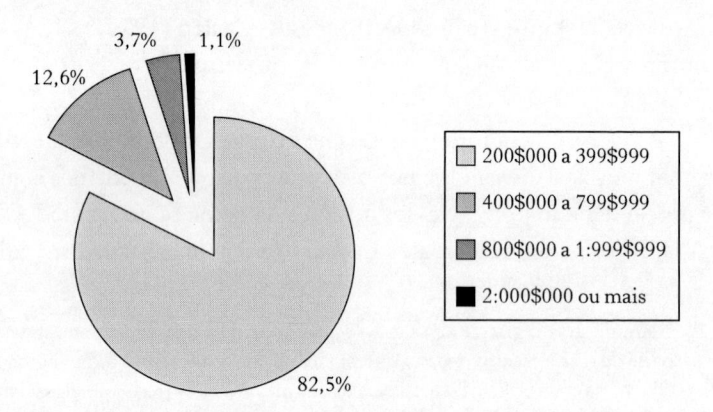

Gráfico 4 – Efetivos da Guarda Nacional de Mariana (MG) por Renda Declarada

De imediato, salta aos olhos o grande percentual de 82,5% de guardas qualificados com a renda mínima, ao passo que apenas 1,1% tinha vencimentos superiores a dois contos de réis. Para a Guarda Nacional de São João del-Rei, Francisco Pinto (2003, p.100) chegou a constatações semelhantes. Nos dois grupos assinalados, o autor encontrou 73,39% de efetivos alistados com rendimentos mínimos, e abastados, 5,75%.

Com esses percentuais em mente, observando-se a distribuição dos rendimentos no serviço ativo e reserva, constatamos que os guardas mais pobres arcavam com todo o ônus das funções da corporação. A infantaria e a cavalaria apresentam 86,7% e 75,7% respectivamente.

Tais dados podem ser visualizados na Tabela 11.

Tabela 11 – Efetivos da Guarda Nacional de Mariana (MG) por renda declarada (Ativa e Reserva)

Renda	Serviço Ativo				Reserva	%
	Infantaria	%	Cavalaria	%		
200$000 a 399$999	1.999	86,7	87	75,7	381	66,8
400$000 a 799$999	228	9,9	21	18,3	129	22,6
800$000 a 1:999$999	63	2,7	7	6,1	42	7,4
2:000$000 ou mais	16	0,7	0,0	0,0	18	3,2
Total	2.306	100,0	115	100,0	570	100,0

Fonte: *APM*, SP, PP[1]16, caixa 56, 30/12/1851 e 18/10/1853.

Pelos números dispostos na tabela vê-se que, na reserva, o percentual dos milicianos menos abastados cai para 66,8%. E somando-se os três grupos mais ricos, a reserva apresenta a cifra de 33,2% em contraposição aos 13,3% representados pela infantaria, muito embora a cavalaria apresente significativos 24,4%, o que vem a comprovar a hipótese defendida por Castro e Uricoechea de que essa arma significaria, de certa forma, um abrandamento do serviço ativo. Isto, ao menos, podemos confirmar para o caso de Minas Gerais, em especial, a região compreendida pelo termo de Mariana. Ademais, conforme foi dito anteriormente, a cavalaria da Guarda Nacional do Rio Grande do Sul era uma exceção à regra aqui exposta.

Em todo caso, diante da evidência desses números, aproximamo-nos das conclusões dos autores citados no parágrafo antecedente, bem como de Francisco Pinto, de que os serviços mais pesados eram todos de responsabilidade dos guardas nacionais mais pobres. Entretanto, Jeanne Castro (1977, p.114) faz afirmação semelhante levando mais em conta o meio rural, no qual a divisão socioeconômica era mais simples (o grande proprietário na reserva e os demais no serviço ativo), em contraste com o meio urbano, que apresentava uma maior diversidade de categorias ocupacionais e, consequentemente, de rendas. Já Eduardo Pinto (2003, p.97 e ss.) pondera que o grande número de guardas alistados com baixa renda seria um artifício utilizado por eles como meio e forma de se evadirem das malhas do fisco, ou, até mesmo, do temido recrutamento para o exército.

Assim, convém indagar: Seriam realmente pobres os milicianos que tinham renda média entre 200$000 e 399$999? Cremos que não, pois, de acordo com Maria José de Souza Andrade (1988, p.181-5), homens livres pobres, e até mesmo libertos, podiam adquirir escravos. Um estudo feito pela autora na cidade de Salvador, sobre o número médio de escravos presentes nos inventários *post mortem*, revelou que mesmo entre os mais pobres o percentual de cativos era bastante elevado, inclusive em relação aos proprietários mais ricos.

De certa forma, devemos levar em consideração que a posse de escravos era um indicativo do grau de riqueza e *status* para quem os possuísse. Desse modo, consideramos como pouco provável que os muitos milicianos que declararam possuir modestos rendimentos fossem de fato pobres, principalmente para uma região como Mariana, que comportava um expressivo número de cativos. Nesse sentido, estaria Eduardo Pinto certo na sua hipótese?

Podemos conjecturar que sim. Afinal, conforme discutimos em outra parte deste trabalho, a prestação de liturgias dependia, em grande parte, da boa vontade dos próceres locais. Sendo assim, parece-nos bastante crível a omissão de parte dos rendimentos como meio de subtrair-se do ônus para a construção e/ou reparação de estradas, pontes e cadeias com proveitos próprios. E no que diz respeito ao recrutamento para o exército, a Guarda Nacional funcionava como um refúgio ante a prestação militar no corpo de primeira linha, considerada mais como um castigo do que propriamente um dever para com a Nação e o Império. Todavia, os misteres que envolviam o recrutamento serão discutidos logo mais adiante.

Continuando nossa análise das rendas, percebemos no seu cruzamento com a faixa etária que entre os guardas com mais de 60 anos de idade, apenas três possuíam rendimentos superiores a dois contos de réis, ao passo que um expressivo número de 2.088 efetivos com idade entre 18 e 44 anos possuía rendimentos de até 399$999. A Tabela 12 permite visualizar melhor esses dados.

Tabela 12 – Efetivos da Guarda Nacional de Mariana (MG) por faixa etária e renda

	200$000 a 399$999	400$000 a 799$999	800$000 a 1:999$999	2:000$000 ou mais	Total
18-44 anos	2.088	239	71	12	2.410
45-59 anos	341	127	37	19	524
60 anos ou mais	38	12	4	3	57
Total	2.467	378	112	34	2.991

Fonte: *APM*, SP, PP[1]16, caixa 56, 30/12/1851 e 18/10/1853.

Entretanto, a tabela acima indica que a idade poderia ser um fator para o acúmulo de riquezas, pois no grupo mais jovem (entre 18 e 44 anos), por exemplo, encontramos doze efetivos com rendas superiores a dois contos de réis.[17] Em contrapartida, é forçoso reconhecer a existência de uma grande concentração de renda que se acentua com o passar do tempo. Nesse aspecto, se atentarmos novamente para a tabela em questão, observamos que apenas 34 milicianos possuíam as mais altas rendas.

No que diz respeito à concentração de renda, Carla Maria Carvalho de Almeida (1994, p.185) afirma existir na região de Mariana "uma hierarquização social extremamente acirrada e excludente e que se perpetuava ao longo do tempo". Para a autora, "estamos frente a uma sociedade extremamente excludente em que a possibilidade de alçar voos em termos de ascensão social foi vedada à grande maioria das pessoas livres" (ibidem, p.186-7).

---

17 Nesse caso, evidenciamos outra tese advogada por Francisco Pinto (2003, p.102).

Porém, por mais que a hierarquização socioeconômica fosse empecilho para a ascensão social da grande maioria da população, acreditamos, com base no trabalho de Lewkowicz (1992), que houve momentos e/ou situações em que coexistiram, por assim dizer, uma horizontalização social em meio à verticalização das desigualdades socioeconômicas.[18] Além disso, Jeanne Berrance de Castro (1977, p.159) afirma, no seu estudo da Guarda Nacional paulista, que na formação dos quadros dos oficiais, a melhor renda não seria condição necessária para o aspirante a oficial obter a mais alta patente. Isso porque, na opinião da autora, prevaleciam os interesses atrelados ao parentesco "perfeitamente compreensível em vilas relativamente pequenas, onde o relacionamento entre os grupos era mais estrito".

Dessa forma, podemos complementar o argumento de Castro no sentido de que não apenas o parentesco fosse uma variável determinante na escolha do oficial, mas também a capacidade de articular barganhas e trocar favores. O pretendente a comandante poderia valer-se de tal habilidade na tessitura de um acordo tácito para obter o almejado posto ou o comando de uma companhia. Sem dúvida, o favor poderia tornar "o relacionamento entre os grupos mais estreito".

E por falar no oficialato da Guarda Nacional, passemos à sua análise, tendo em vista as ponderações já feitas a respeito.

A Guarda Nacional marianense: composição do quadro dos oficiais

Uma vez que analisamos a composição dos efetivos qualificados para as armas da infantaria e cavalaria, bem como aqueles alistados

---

18 Lewkowicz (1992, p.11) fundamenta sua argumentação na análise de "três aspectos da vida familiar estreitamente relacionados e em que possivelmente estão retratadas as diferentes gradações das vinculações familiares e suas relações sociais mais amplas: estrutura domiciliar, casamento e herança".

na reserva, eis que agora nos debruçaremos sobre a composição do oficialato da milícia civil da região de Mariana.

Antes, porém, devemos reconhecer que tal análise só foi possível a partir de uma relação dos oficiais do comando superior da Guarda Nacional de Mariana, pesquisada no Arquivo Público Mineiro (APM, SG113, caixa 263). Assim, procedemos ao cruzamento dos nomes dos oficiais presentes nessa relação com aqueles nomes cujos dados sobre idade, estado conjugal, ocupação e renda estavam registrados nas listas do serviço ativo e da reserva. Naturalmente, durante esse processo, tomamos o devido cuidado para com os homônimos.

Infelizmente, não foi possível localizar todos os oficiais nesse cruzamento. Porém, tal dificuldade foi contornada por meio das listas do corpo da cavalaria, as quais traziam uma relação completa dos dados dos oficiais tanto do estado-, quanto dos oficiais comandantes das duas companhias dessa arma. Assim, trabalhamos com um total de 125 oficiais da Guarda Nacional do município de Mariana.

A Tabela 13 demonstra a composição do oficialato civil atinente à faixa etária.

Tabela13 – Oficiais da Guarda Nacional de Mariana (MG) por Faixa Etária

Faixa Etária	Oficiais	%
18-44 anos	111	88,8
45-59 anos	14	11,2
Total	125	100,0

Fonte: *APM*, SP, PP[1]16, caixa 56, 30/12/1851, 18/10/1853 e *APM*, SG[1]13, caixa 263.

De imediato, percebemos que não se encontram oficiais com mais de 60 anos de idade. Interessante fazer essa observação, pois apesar da existência de um batalhão com seis companhias da reserva, não localizamos naquele, e muito menos nessas, oficiais acima dessa idade. Muito provavelmente, os comandantes sexagenários eram reformados nos seus postos de comando. Em contrapartida, evidenciamos um grande número de oficiais jovens, 88,8%, com idade entre 18 e 44 anos, o que atesta mais uma vez que a expectativa de vida, ao menos para os milicianos civis da região compreendida pelo município de Mariana, não ultrapassava os 50 anos de idade.

Contudo, se entre o efetivo total da Guarda Nacional marianense há uma grande cifra de milicianos casados, o mesmo se repete entre os oficiais. Os comandantes casados perfazem um percentual de 59,2%, assim distribuídos: 4% casados, 46,4% com filhos e 8,8% sem. Os solteiros ficam em segundo lugar, ocupando 38,4% do total: 33,6% solteiros e 4,8% filhos-família.

Tais percentuais podem ser observados na Tabela 14 e no Gráfico 5.

Tabela 14 – Oficiais da Guarda Nacional de Mariana (MG) por Estado Conjugal

Estado conjugal	Oficiais	%
Solteiro	42	33,6
Filho-família	6	4,8
Casado	5	4,0
Casado com filhos	58	46,4
Casado sem filhos	11	8,8
Viúvo com filhos	2	1,6
Viúvo sem filhos	1	0,8
Total	125	100,0

Fonte: *APM*, SP, PP[1]16, caixa 56, 30/12/1851, 18/10/1853 e *APM*, SG[1]13, caixa 263.

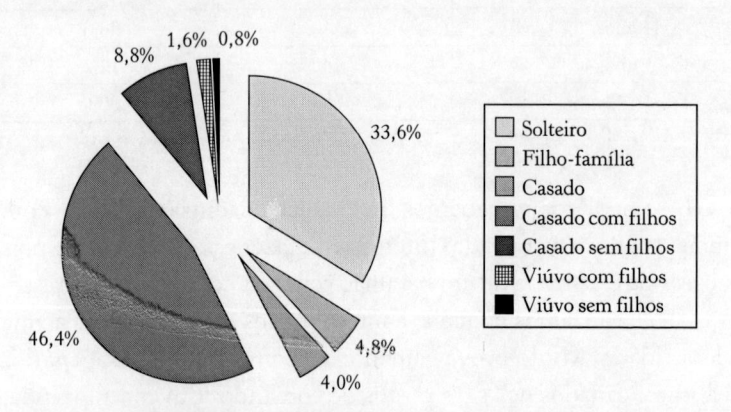

Gráfico 5 – Oficiais da Guarda Nacional de Mariana (MG) por Estado Conjugal

Pelos dados obtidos, apesar de os oficiais filhos-família representarem apenas 4,8%, é interessante observar que desde cedo se fazia mister ocupar um lugar de destaque e de liderança, atrelado ainda à necessidade, de acordo com Franco (1997, p.54), "de afirmar-se ou defender-se integralmente como pessoa", principalmente em um meio em que "são altamente prezadas a bravura e a ousadia". De certo modo, o jovem comandante deveria aprender desde logo que "a ação violenta não é apenas legítima, ela é imperativa", e "o preceito de oferecer a outra face [não] encontra possibilidade de vigência no código que norteia a conduta do caipira", conduta essa pela qual "virtude, destemor e violência não se excluem, mas se confundem numa variada gama de matizes" (ibidem, p.55).

Sobre as ocupações do oficialato, os dados obtidos conformaram a Tabela 15 e o Gráfico 6.

Tabela 15 – Oficiais da Guarda Nacional de Mariana (MG) por Ocupação

Ocupações	Oficiais	%
Profissionais liberais e proprietários	4	3,2
Artesãos e operários de profissão declarada	15	12,0
Indústria e comércio	27	21,6
Agricultura	76	60,8
Ocupação indeterminada	3	2,4
Total	125	100,0

Fonte: *APM*, SP, PP[1]16, caixa 56, 30/12/1851, 18/10/1853 e *APM*, SG[1]13, caixa 263.

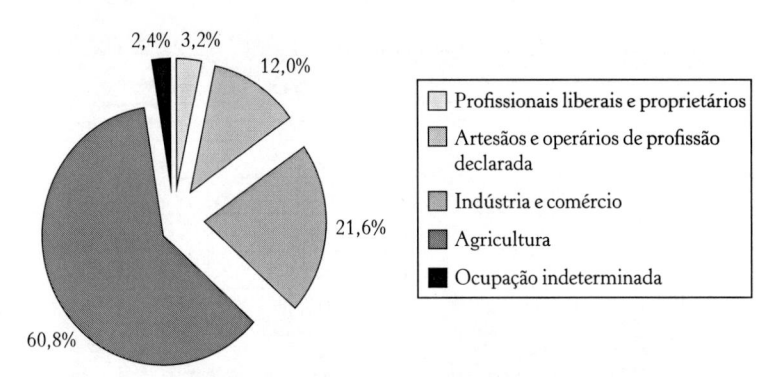

Gráfico 6 – Oficiais da Guarda Nacional de Mariana (MG) por ocupação

A tabela e o gráfico registram que 60,8% dos oficiais exerciam trabalhos rurais, ao passo que apenas 36,8% (3,2% de profissionais liberais, 12% de artesãos e 21,6% de indústria e comércio) desempenhavam cargos urbanos. Se entre o efetivo total havia certo equilíbrio entre as ocupações urbanas e rurais, os dados dos oficiais levam a considerar maior preponderância do segundo, que talvez se explique em função de que, conforme faz crer Uricoechea (1978, p.169),

> [...] a ocupação era um elemento crucial na definição das probabilidades de admissão do indivíduo à corporação dos oficiais, independentemente das condições pecuniárias do requerente. Como regra, os artesãos e pequenos comerciantes eram excluídos.[19]

Podemos então inferir que um proprietário rural, chefe inconteste de família e de agregados, portador natural, por assim dizer, de uma "liderança eficiente [...] ligada à autoridade e à honra social" (ibidem, p.168-9), desfrutava sobejamente de mais prestígio socioeconômico em relação a um sapateiro, por exemplo. Pelos dados levantados, podemos evidenciar que apenas 12% dos oficiais da Guarda Nacional de Mariana eram artesãos e operários de profissão declarada.

No que diz respeito às rendas dos comandantes marianenses, encontramos alguns dados interessantes, os quais podem ser observados na Tabela 16 e no Gráfico 7.

Tabela 16 – Oficiais da Guarda Nacional de Mariana (MG) por Renda Declarada

Renda	Oficiais	%
200$000 a 399$999	57	45,6
400$000 a 799$999	47	37,6
800$000 a 1:999$999	17	13,6
2:000$000 ou mais	4	3,2
Total	125	100,0

Fonte: *APM*, SP, PP¹16, caixa 56, 30/12/1851, 18/10/1853 e *APM*, SG¹13, caixa 263.

---

19 Interessante destacar que Uricoechea também reconhece que a renda não era essencialmente um critério exigido para ser oficial da Guarda Nacional.

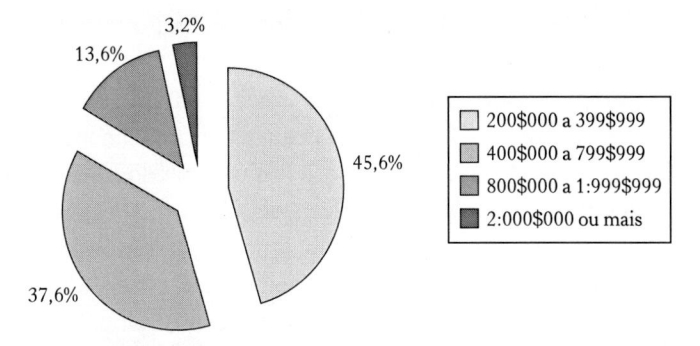

Gráfico 7 – Oficiais da Guarda Nacional de Mariana (MG) por Renda Declarada

De imediato, o que nos chamou a atenção nos dados obtidos foi o expressivo percentual de 45,6% dos oficiais com rendas entre 200$000 e 399$999. Se observarmos a lei de 19 de setembro de 1850, vemos que nela se prescrevia que o aspirante a oficial deveria possuir as qualidades de um eleitor, ou seja, possuir 400$000 de renda líquida anual, o dobro da renda exigida para ser simples guarda (CLIB, Lei n. 602, de 19 de setembro de 1850, art. 53). Ora, não é isto que vemos na tabela e no gráfico em questão. Nesse caso, fica bastante evidente, de acordo com as proposições de Castro e Uricoechea, que a renda não era condição necessária para tornar-se comandante da Guarda Nacional.

Atentando para a mesma tabela e gráfico, percebemos que apenas 3,2% dos oficiais possuíam valores acima de dois contos de réis. Dentre esses comandantes, destaca-se o coronel Francisco Xavier Monteiro Nogueira da Gama, morador do distrito do Anta, alistado na arma da infantaria com um vencimento de cinco contos de réis. A propósito, este oficial era o único a possuir tal cifra tanto no alistamento do serviço ativo (infantaria e cavalaria) quanto da reserva. E além de possuir tal quantia, foi comendador das Ordens da Rosa e de Cristo (APM, SP, PP116, caixa 56, 30/12/1851). Desse modo, conforme acabamos de dizer, cremos como bem provável que as honrarias dessas ordens, advindas em virtude dos critérios acima citados, exerceram um peso preponderante no momento de sua indicação e nomeação como oficial da Guarda Nacional.

Infelizmente não podemos saber muito a respeito da vida desse coronel, pois não foi possível localizar o seu inventário *post mortem* no Arquivo da Casa Setecentista de Mariana. Contudo, por meio de alguns documentos consultados no Arquivo Público Mineiro, pudemos reunir algumas informações a seu respeito. Sendo assim, ele foi eleito tenente de uma companhia de cavalaria em 1832 e, posteriormente, seu capitão desta. Em 1840, foi nomeado tenente-coronel de um batalhão, o qual não foi possível identificar se era da infantaria, cavalaria ou reserva. Entretanto, dois anos depois foi nomeado coronel de legião, sendo demitido desse posto em 1844, muito provavelmente pela participação na comoção político-militar de 1842. Apesar da demissão, o oficial teve de volta a sua patente em 1849.

De modo geral, Nogueira da Gama prestou com dedicação o serviço, gozando, segundo consta na documentação, de boa saúde, até a sua reforma no posto de coronel por decreto de 25 de outubro de 1853 e portaria de 7 de junho de 1854 (APM, SP, PP116, caixa 56, 23/2/1852 e APM, SG113, caixa 262).

Uma análise pormenorizada dos oficiais da Guarda Nacional do município de Mariana terá lugar em outra parte deste trabalho. Continuando com o nosso exame das rendas dos comandantes, procedemos ao seu cruzamento com as ocupações. O resultado por ser visualizado na Tabela 17.

Tabela 17 – Oficiais da Guarda Nacional de Mariana (MG) por Ocupação e Renda Declarada

	200$000 a 399$999	400$000 a 799$999	800$000 a 1:999$999	2:000$000 ou mais	Total
Profissionais liberais e proprietários	2	2	–	–	4
Artesãos e operários de profissão declarada	14	1	–	–	15
Indústria e comércio	7	14	5	1	27
Agricultura	31	30	12	3	76
Ocupação indeterminada	3	–	–	–	3
Total	57	47	17	4	125

Fonte: APM, SP, PP[1]16, caixa 56, 30/12/1851, 18/10/1853 e APM, SG[1]13, caixa 263.

Pelos dados dispostos acima, observamos que nos três grupos mais ricos aparecem apenas os oficiais relacionados nas atividades de indústria e comércio (20) e agricultura (45). Em contrapartida, os comandantes profissionais liberais e artesãos ocupam as posses mais modestas. Os oficiais agricultores constituem o maior número e encontram-se presentes nas quatro faixas de renda. Ademais, há uma tendência para a concentração da renda entre os oficiais, tal como foi verificado entre o efetivo total da Guarda Nacional marianense. Exceção feita apenas aos comandantes profissionais liberais.

Nesse sentido, atentando-se novamente para a consideração de Eduardo Pinto de que a idade poderia ser um fator para o acúmulo de riqueza, obtivemos a Tabela 18 por meio do cruzamento entre a idade e os vencimentos pecuniários dos oficiais.

Tabela 18 – Oficiais da Guarda Nacional de Mariana (MG) por Faixa Etária e Renda Declarada

	200$000 a 399$999	400$000 a 799$999	800$000 a 1:999$999	2:000$000 ou mais	Total
18-44 anos	56	41	13	1	111
45-59 anos	1	6	4	3	14
Total	57	47	17	4	125

Fonte: *APM*, SP, PP[1]16, caixa 56, 30/12/1851, 18/10/1853 e *APM*, SG[1]13, caixa 263.

A tabela comprova o mesmo verificado entre o efetivo total. Dos oficiais com idade entre 18 e 44 anos, 56 possuíam os mais modestos rendimentos, enquanto apenas um detinha mais de dois contos de réis. Já entre os comandantes com idade entre 45 e 59 anos, somente um oficial possuía renda de até 399$999, ao passo que três detinham as mais altas fortunas.

Muito embora não haja oficiais sexagenários dentre aqueles com os quais trabalhamos, notamos que há apenas catorze comandantes com idades entre 45 e 59 anos, em contraposição aos 111 oficiais com idades entre 18 e 44 anos, como se pode examinar na tabela antecedente e na 19, quando cruzamos a faixa etária com a ocupação.

Tabela 19 – Oficiais da Guarda Nacional por Ocupação e Faixa Etária

	18-44 anos	45-59 anos	Total
Profissionais liberais e proprietários	4	–	4
Artesãos e operários de profissão declarada	14	1	15
Indústria e comércio	23	4	27
Agricultura	67	9	76
Ocupação indeterminada	3	–	3
Total	111	14	125

Fonte: APM, SP, PP[1]16, caixa 56, 30/12/1851, 18/10/1853 e APM, SG[1]13, caixa 263.

É interessante observar que em todas as ocupações, inclusive naquelas que classificamos como indeterminadas, predominam majoritariamente jovens oficiais, os quais, conforme dissemos anteriormente, deveriam aprender por toda a vida a se comportarem como portadores naturais de liderança e comando não apenas na Guarda Nacional, mas também fora dela.

A esse respeito, Uricoechea (1978, p.167) comprova:

De certa forma, porém, os padrões de boa conduta e decoro eram compreensivelmente mais severos para o estrato de oficiais que estavam sujeitos, de fato, a um código que tipicamente acentuava a hierarquia e a honra social como máximas a serem aplicadas dentro e fora dos limites da corporação – tanto em privado como em público.

Com essas e outras ponderações, havíamos iniciado este capítulo com uma indagação: haveria, realmente, a reforma da Guarda Nacional em Mariana provocado mudanças na hierarquia e na estrutura de seu comando? Pelo que vimos, as alterações que se processaram disseram respeito à extinção do comando das duas legiões e à sua substituição por um único comando superior, cujo cargo era exercido por um oficial com autoridade e patente de coronel. E igualmente pudemos observar nas listas de qualificação, tanto da infantaria quanto da cavalaria, assim como da reserva, uma maior preocupação para com a sistematização dos dados dos milicianos civis. Dados que diziam respeito à idade, estado conjugal, profissão, moradia e renda declarada. De certa forma, antes da reforma da Guarda Nacional, os alistamentos não se guiavam por tal rigor.

O exame das listas de qualificação, tanto do serviço ativo quanto da reserva, permitiu-nos entrever no município de Mariana uma Guarda Nacional jovem, com um expressivo número de milicianos casados, o que, ao menos formalmente, isentava-os do temido recrutamento para o exército. Afinal, os recrutadores eram instruídos, durante as chamadas "caçadas humanas", termo comum na época, a arregimentar homens solteiros. Na falta desses, eram recrutados os casados e viúvos sem filhos, razão pela qual podemos inferir o grande número de casados e viúvos com filhos (CLIB. Lei n. 602, de 19 de setembro de 1850, art. 121. Cf. Pinto, 2003, p.103 e Mendes, 1997, p.104-5).

Sendo assim, a grande cifra de guardas e oficiais casados seria um subterfúgio para evasão da prestação militar? E o que dizer então do grande percentual de efetivos com posses modestas? Seria esse enorme número de guardas um acintoso pretexto para a subtração das malhas do fisco? E a cavalaria? Seu alistamento seria também uma fuga das tarefas exigidas na infantaria?

Depreende-se, portanto, uma intrincada e complexa rede de privilégios e isenções formais, pelas quais os guardas e oficiais da corporação civil procuravam abster-se de encargos que extrapolassem, de certa forma, os limites de seus interesses particulares. E por falar em vencimentos, observamos no tocante ao oficialato um grande número de comandantes cujos rendimentos não eram aqueles estipulados por lei para serem oficiais da milícia. Nesse sentido, podemos inferir que durante o processo de nomeação, as rendas não eram condição necessária para a investidura no posto de comando. Ao contrário, critérios como parentesco, honra, prestígio social, bem como o histórico de serviços prestados na Guarda Nacional eram, sem dúvida, levados em conta na conformação de um código de fidalguia e estilização que se pretendia do aspirante a oficial.

Devemos considerar que os serviços prestados na milícia eram gratuitos e, na maioria das vezes, arcados com recursos pecuniários dos próprios milicianos. É bom lembrar que a execução dessas tarefas dependia da boa vontade daqueles que tinham de deixar suas plantações, negócios e famílias para o desempenho das funções na guarda. Funções essas que poderiam custar, em algumas ocasiões, a própria vida, quando os corpos da corporação eram destacados para o serviço de guerra, por exemplo, durante a Guerra do Paraguai.

Por ocasião do conflito na região platina, o recrutamento para o exército e o destacamento para a Guarda Nacional infligiriam grandes temores na população, principalmente entre os homens.

4
A GUARDA NACIONAL E O RECRUTAMENTO: "OS HORIZONTES DE INVISIBILIDADE DA POPULAÇÃO"[1]

Nos capítulos anteriores, discutimos os meandros das políticas de alianças e acordos tácitos firmados entre os dirigentes imperiais e os notáveis locais, que se fizeram necessários para a constituição de um aparato administrativo, o qual, em função das precárias condições morais e materiais, não dispunha de meios eficazes para exercer sua autonomia ao longo do extenso território localizado ao sul do Equador. Para tanto, acordos e barganhas fizeram-se imprescindíveis no tabuleiro político-social do Império brasileiro. Também debatemos a reforma da Guarda Nacional na província de Minas Gerais e no termo de Mariana. De modo geral, a reorganização da milícia civil fez-se acompanhar de dificuldades de toda ordem, que iam desde a enorme distância territorial à boa vontade e à imprevisibilidade do senhoriato agrário em fazer valer as determinações da lei de 19 de setembro de 1850. Tais contratempos, de certa forma, não foram sensíveis. Levando-se em conta os fatores já apontados e discutidos, a corporação marianense foi reformada segundo os gravames exigidos pela Lei n. 602. E ainda a Guarda Nacional de Mariana apresentava um grande número de milicianos e oficiais, os

---

1 Hespanha, Antônio Manoel, *As vésperas do Leviathan*, apud Mendes, 1997, p.159.

quais foram organizados nas armas da infantaria, cavalaria e reserva. Dessa forma, uma grande parcela da população masculina, adulta, livre e em idade produtiva estava, de acordo com a lei que regulamentava a milícia, isenta do prestação para a tropa de primeira linha. Nesse aspecto, abordaremos um assunto particularmente pertinente à temática da pesquisa, a saber, o recrutamento militar, ou como se dizia à época em foco, o "tributo de sangue". Sendo assim, uma das questões que se apresentam é saber até que ponto o miliciano guarda nacional estava isento do encargo militar, dados os humores políticos das disputas locais de poder das redes de clientela que almejavam prestígio e influência, especialmente nos períodos eleitorais. E ainda: até que ponto as levas forçadas para os quartéis, que se fizeram sentir de modo mais intenso durante a guerra do Paraguai, não significaram ou, quando muito, representaram uma presença maior do Estado naqueles distritos e paróquias, cujos próceres traduziam à sua maneira as determinações legais do Paço imperial, ocasionando, por assim dizer, uma ruptura nas relações de poder entre ambos.

Tributo de sangue: a economia moral do recrutamento militar no Brasil Imperial

Segundo Mendes (1997, p.1-2), a expressão tributo de sangue no Império brasileiro significava mais do que a arbitrariedade e a violência do recrutamento militar. De fato, as levas humanas assumiam a conotação de uma explícita "caçada humana", outro termo bastante comum no período que designava, e de certo modo, dramatizava a prestação militar. Para o autor, o imposto de vida e morte cobrado dos súditos de Sua Majestade o imperador representava um aspecto especialmente problemático, com a distribuição desigual do encargo militar, visto que o recrutamento se encontrava imerso em uma intrincada e complexa rede de privilégios e isenções locais.

Uma das isenções locais à prestação militar era a Guarda Nacional. A criação da milícia no conturbado período regencial configurou uma clara e nítida diferença entre o miliciano civil e o militar de primeira linha. O primeiro era tido como um cidadão, ao passo que o segundo era, no entender das autoridades, um vadio. Afinal, o serviço na milícia era considerado como um dever para com o País na célebre acepção da "Nação em armas". Já o serviço no exército assumia uma conotação negativa, semelhante a um castigo; dada a condição social desprivilegiada dos recrutas, os dirigentes imperiais entreviam a prestação militar desses como um corretivo moral capaz de disciplinar seus vícios e torpezas. Curiosamente, nesse aspecto em particular, o recrutamento assumia um sentido positivo. O comportamento social desajustado de certos indivíduos, para o augúrio de seus familiares poderia ser sanado, em última instância, com o aquartelamento. Em um dos muitos exemplos, como desejava um pai da cidade mineira de Januária, que diante das estripulias do seu filho, queria "se ver livre dele, não só por ter extorquido alguns poucos animais que possuía. como por desobediente" (APM, SP, PP115, caixa 14(apud Mendes, 1997, p.172-3).

Ademais, a documentação pertinente ao serviço militar no Império deixa entrever uma série de justificativas que denotam não apenas a natureza moral, mas também pessoal e cotidiana do imposto de sangue. Sendo assim, aquele súdito que "vive em público adultério", "diz que socorre a mãe, mas vive em público concubinato", "aventureiro", "vadio de profissão", "carpinteiro, mas de mau comportamento", não era apenas passível ao encargo militar, mas à reprovação moral de toda a sociedade (Mendes, 1997, p.171).

Comportamentos socialmente condenáveis não eram os únicos motivos adstritos ao recrutamento. Os guardas nacionais que não providenciassem seus uniformes eram punidos com o serviço militar. A esse respeito, Jeanne Berrance de Castro (1977, p.82) aponta que, durante a revolta liberal de 1842 na província de São Paulo, eram considerados recrutas em potencial aqueles guardas "que não estiverem fardados e não subsistirem de uma honesta e legal indústria".

A prestação militar era também pretexto de vinganças e rixas para ajustes pessoais entre vizinhos desafetos (Dias, 1998, p.70). Nesse aspecto, a violência, segundo Franco, aparece incorporada nas relações de vizinhança, assumindo formas cotidianas de ajustamento de desforras pendentes (Franco, 1997, p.30).

Imerso em uma rede de violência e de privilégios locais, o encargo militar encontrava-se também invariavelmente ligado ao processo eleitoral. As leis que regulamentavam o recrutamento isentavam do serviço das armas todos aqueles que faziam parte da clientela política de um proprietário rural.[2] De certa forma, o Estado imperial, por meio de seus agentes recrutadores, pactuava com as necessidades de mão de obra do senhorio agrário (Dias, 1998, p.70).

Porém, em algumas ocasiões, o "espírito de partido" prevalecia sobre os interesses patrióticos, conforme denunciou o presidente da província de Minas Gerais sobre "abusos das designações" da Guarda Nacional de algumas localidades, por ocasião da Guerra do Paraguai:

> Os trabalhos dos conselhos de qualificação de algumas paróquias ressentiam-se de graves irregularidades. Fizeram-se designações mais injustas e ditadas por espírito de partido. A este mal procurei remediar, autorizando os comandantes superiores a substituírem nos conselhos os oficiais que desmerecessem, por outros que fossem imparciais, ainda que de diferente companhia e paróquia. [...] Não atribuo a repugnância ao cumprimento de um tão sagrado dever à ignorância ou falta de patriotismo, mas antes aos abusos das designações, às rivalidades locais e mal entendidas contemplações. (RPP, Pedro de Alcântara Cerqueira Leite, 1865)

No que diz respeito ao tributo de sangue, a Guarda Nacional não era a única instituição a desviar recrutas em potencial da tropa de primeira linha. Havia o Corpo de Policiais Permanentes e a Guarda Policial, que igualmente alistavam indivíduos em detrimento dos efetivos do exército (Castro, 1977, p.79). Entretanto, era a corporação civil a principal rede de proteção contra a prestação militar. Na opinião de Mendes (1997, p.196):

---

2 Sobre as leis do recrutamento e suas nuanças cf. Mendes, 1997, em especial o apêndice "Principais marcos da legislação sobre o recrutamento militar no século XIX", p.322-9.

O pertencimento à Guarda Nacional confundir-se-ia, pois, com as isenções ao recrutamento, representando o alistamento na guarda uma das estratégias de evasão mais comuns daqueles que porventura se encontrassem 'nas circunstâncias das levas'. Um dos maiores incentivos à entrada nos quadros da guarda era oferecido pela imunização que representava em relação ao recrutamento. A Guarda Nacional representava, na verdade, uma gigantesca rede de proteção institucionalizada, indisponibilizando a população para fins militares.

O próprio Nabuco de Araújo admitia que a qualificação para a Guarda Nacional era um subterfúgio ao encargo militar na tropa de primeira linha, diante da evidência, na província do Rio Grande do Sul, de indivíduos que mesmo não possuindo a renda exigida para o ingresso na milícia, ainda assim almejavam alistar-se nesta e não naquela:

> As informações de que a província do Rio Grande do Sul se compõe principalmente de estancieiros e peões, que estes não têm a renda exigida pela lei de 1850 e que sem eles não existirá ou não será possível a Guarda Nacional. O marquês de Caxias opunha-se ao alistamento desses homens porque esse alistamento é um desfalque para o exército, cuja cavalaria só pode ser composta desses peões. É impolítico, diz ele, no Rio Grande do Sul recrutar os guardas nacionais alistados, que para logo sobrevém o despeito, o pundonor, de brio e amor-próprio, os quais podem por a Guarda Nacional em conflito com o exército. (Joaquim Nabuco apud Costa, 1996, p.55-6)

Diante dessas questões, é interessante destacar que os termos utilizados para a inclusão, tanto na Guarda Nacional quanto no exército, eram distintos. Alistamento e qualificação eram expressões que indicavam o ingresso no primeiro e recrutamento no segundo (Cf. Castro, J. B. de, 1977, p.62; especialmente nota 1, p.94). Diferenças à parte, Jeanne Berrance de Castro (1977, p.82) esclarece:

De certo modo, continuava a ser legítimo recrutar todo elemento negativo da população, isto é, os indivíduos improdutivos, que dificilmente entravam na Guarda Nacional. Assim na prática, terminavam por escapar ao exército todas as pessoas de certa consideração social.

Entretanto, se por um lado a qualificação na milícia cívica representava uma fuga das "pessoas de certa consideração social" da prestação militar no exército, por outro, o miliciano guarda nacional encontrava-se preso à vontade política de um prócer local. Castro (ibidem, p.81), mais uma vez, comprova:

> O problema qualificação-recrutamento estava ligado às injunções políticas. A qualificação dos guardas nacionais feita nos pequenos núcleos dos curatos e paróquias obedecia frequentemente a interesses locais partidários, visto que se reconhecia sua condição de votante. Ao mesmo tempo em que o livrava muitas vezes do recrutamento, a qualificação sujeitava-o à dominação do partido político local.

Mas, e quando o miliciano não contava com a proteção de um proprietário rural? O que dizer então daquele indivíduo que não possuía as condições exigidas por lei para ingressar na milícia? Nesse caso, a fuga ao recrutamento revestia-se de inúmeras formas, a saber, resistência armada com o conluio de amigos e parentes, casamentos de última hora ou, em situações mais dramáticas, a automutilação (Mendes, 1997, p.179).

Tais estratagemas, evidentemente, não fugiam do conhecimento das autoridades. De fato, o presidente da província de Minas lamentou, certa vez, que as irregularidades praticadas na qualificação da Guarda Nacional inviabilizavam "qualquer ação do governo":

> As qualificações, geralmente irregulares, nem se faziam em alguns comandos superiores, *como tive por mim mesmo ocasião de verificar*. As que existiam estavam por tal modo viciadas, que não podiam determinar com certeza qualquer ação do governo. As designações que se fizeram em vista dessas qualificações o pro-

varam. *Os qualificados, por exemplo, solteiros no ano antecedente, mostravam ser casados e com filhos há muitos anos; os que estavam [com] mais de 50 anos eram mencionados com 20, etc.* (RPP, Joaquim Saldanha Marinho, 1867, grifo do autor)

Se as isenções legais não eram garantia suficiente para a evasão do serviço militar, outro recurso, entretanto, era bastante utilizado pelos recrutas em potencial: a fuga para os matos vizinhos. Não podemos esquecer que a outrora província de Minas Gerais era (e ainda é) bastante extensa e entrecortada por serras e rios, embrenhada pelo sertão mineiro, e em todo o Império, a população masculina recrutável desaparecia aos olhos do Estado, naquilo que um historiador classificaria como os "horizontes de invisibilidade da população".[3]

Nesse aspecto em particular, uma autoridade provincial reconhecia que era "indispensável o conhecimento da população", porém a mesma autoridade constatava que:

O conhecimento da população livre e escrava do Brasil é uma das necessidades que mais sentimos atualmente. Graves questões sociais vão se desenvolvendo perante a opinião pública, e para que tenham prudente e sábia resolução, é indispensável o conhecimento da população, além da ciência de novos recursos. Sem o recenseamento parcial dos habitantes das diversas localidades não é possível a confecção de boas leis sobre a estatística territorial; criação de distritos, paróquias e municípios, alterações contínuas nos respectivos limites, sem razão plausível, votadas em um ano e revogadas no seguinte, aconselhadas antes pelos interesses de momento, do que pelos de causa pública, é o que temos visto constantemente. (RPP, José da Costa Machado de Souza, 1868)

É curioso notar que "em uma província vasta como esta, onde nas matas, campos e rios, há recursos alimentícios para quem foge" (ibidem), havia uma crença amplamente difundida desde os tempos coloniais "de que o paraíso terrestre está nas Minas Gerais"

_____
3 Cf. o título do presente capítulo.

(Magalhães, 2004, p.71). Crenças à parte, a província mineira, de longe a mais populosa de todo o Império tanto em termos de população livre quanto cativa, era, por sinal, a mais refratária ao serviço militar (Mendes, 1997, p.107).

A tabela a seguir confirma essa afirmação:

Tabela 20 – Taxa diferencial de recrutamento por províncias (1845-1883)

Províncias	1845-49	1850-54	1855-59	1860-64	1865-70	1871-75	1876-83
Amazonas	-1,0	-1,0	-0,2	1,8	0,4	1,3	0,2
Pará	4,7	-0,8	0,8	3,2	3,8	0,7	6,7
Maranhão	1,6	7,9	3,8	1,3	4,4	0,4	1,6
Piauí	0,4	2,8	3,6	-0,5	1,0	0,4	-1,7
Ceará	-3,1	0,4	5,5	-2,5	1,9	0,0	-1,9
R. G. do Norte	-2,0	-0,5	-0,3	-1,0	-0,2	-1,1	-1,2
Paraíba	-2,1	-4,4	-1,0	-3,1	-0,9	-1,8	-3,4
Pernambuco	16,5	10,9	7,2	8,9	7,7	8,4	3,5
Alagoas	3,5	0,6	0,5	0,0	2,4	5,9	0,5
Sergipe	3,0	3,1	3,4	2,4	0,5	2,1	0,2
Bahia	-7,0	-1,1	-8,6	-2,5	-2,3	-3,2	1,1
Norte	14,7	17,9	14,7	7,9	18,7	13,1	5,5
Espírito Santo	0,8	0,4	0,0	1,0	1,2	0,5	-0,5
Corte	-4,1	-3,0	0,4	6,7	1,6	7,8	5,9
Rio de Janeiro	2,9	2,4	-0,4	-0,1	1,1	-0,1	-1,4
São Paulo	-4,1	-0,9	-4,0	-4,3	-5,4	-3,1	-6,1
Minas Gerais	*-17,8*	*-18,0*	*-14,4*	*-17,5*	*-12,1*	*-18,5*	*-19,3*
Goiás	-0,7	-0,8	-0,2	6,3	-1,2	-0,7	-0,8
Mato Grosso	2,0	2,0	0,8	0,7	-0,2	1,6	0,6
Paraná	-1,3	-1,3	-0,6	0,4	0,2	-0,4	-0,7
Santa Catarina	2,6	-1,0	-0,7	-0,7	-0,2	-0,9	-1,2
R. G. do Sul	5,0	2,0	4,3	-0,5	-3,6	0,6	18,1
Sul	-14,7	-17,9	-14,7	-7,9	-18,7	-13,1	-5,5
Total	0,0	0,0	0,0	0,0	0,0	0,0	0,0

Fonte: Mendes, 1997, p.106 (grifo do autor).

Podemos observar que em todos os períodos, inclusive durante a Guerra do Paraguai (1865-1870), Minas Gerais apresentava taxas diferenciais negativas de prestação militar, seguida, em menor escala, pelas províncias da Bahia, Paraíba e São Paulo. Em compensação, Pernambuco foi a província que mais forneceu recrutas. Além disso, a Tabela 20 deixa entrever também que as províncias do norte em relação às do sul eram as mais oneradas com o imposto de sangue (ibidem, p.106-7).

Com estas questões em mente, convém levar em consideração uma curiosidade que, na verdade, revela um paradoxo. Era justamente essa população masculina específica, por assim dizer, "invisível" perante o Estado, por conseguinte, difícil de recrutar, o alvo preferencial dos agentes recrutadores. O motivo? Dadas as complexas redes de clientela e de solidariedade local, esta população simplesmente encontrava-se fora da tutela dessas redes (ibidem, p.37).

Assim, os ofícios e circulares emitidos pelas autoridades competentes recomendavam "a maior imparcialidade" no recrutamento de modo que não "sejam atropelados os que tenham isenção legal" e, muito menos, "sejam preteridos outros reais interesses", conforme preconizavam as instruções do presidente da província de Minas Gerais aos chefes de polícia:

> Dê V. S. suas ordens em bem de que seja ativado o recrutamento, convindo, porém, determinar o número razoável de recrutas que deve dar cada subdelegacia, conforme a população de cada um dos respectivos distritos. *Recomendo V. S. a maior imparcialidade e zelo na satisfação desse mister, não só para que o recrutamento não seja convertido em arma de caprichos e de vinganças, como para nem sejam atropelados os que tenham isenção legal, e nem fiquem prejudicadas a lavoura e indústria da província*. A necessidade em que se acha o Império de aumentar o número de seus soldados, pode e dever ser satisfeita de modo que não sejam preteridos outros reais interesses, de que também não se pode descuidar a administração. (RPP, Joaquim Saldanha Marinho, 1867, anexo n. 26, grifo do autor)

As instruções acima transcritas revelam um dado importante. Do mesmo modo como os recrutas se encontravam imersos nas redes de proteção e isenções locais, as próprias autoridades responsáveis pelo recrutamento encontravam-se igualmente nelas incluídas. Logo, diante da relativa invisibilidade da população e das precárias condições extrativas e regulatórias, o Estado imperial via-se dependente do conhecimento e, em particular, da boa vontade dos notáveis locais no preenchimento das fileiras do exército (Mendes, 1997, p.37-8). Dessa forma, o encargo militar distribuía-se de modo desigual entre a população, assim como entre o território, pois os potentados locais isentavam, por um lado, sua clientela do serviço das armas e, por outro, recrutavam os desafetos e adversários políticos.

No tocante à Guarda Nacional, seus oficiais, na maioria das vezes, eram contrários ao destacamento de seus subordinados (Castro, J. B. de, 1977, p.81). De fato, aqueles, segundo se queixava o presidente da província de Minas, "não só deixaram de prestar os contingentes exigidos, mas até embaraçaram por diferentes modos, por vezes, assás engenhosos, os esforços para tal fim empregados" (RPP, Domingos de Andrade Figueira, 1869). Portanto, ao contrário do que desejava a autoridade acima citada, dificilmente o recrutamento não se converteria "em arma de caprichos e vinganças".

Todavia, a procura de um "número razoável de recrutas" não era das tarefas mais fáceis. A menor suspeita, ou o boato de que um agente do recrutamento se encontrava nas vizinhanças, era motivo mais do que suficiente para a população, apta ao imposto de sangue, evadir-se para os matos e tornar-se, por assim dizer, "invisível". A "caçada humana", na real acepção do termo, era um verdadeiro jogo de estratégia e de cautela que dramatizava a prestação militar. Afinal, o sucesso do recrutamento era justamente a astúcia e, acima de tudo, a imprevisibilidade (Mendes, 1997, p.167). De acordo com Mendes (ibidem, p.169):

O recrutamento não se pode considerar, de modo algum, como uma atividade administrativa regular. A sua frequência e o seu volume são episódicos, dependentes das necessidades de reposição da tropa, das emergências militares e dos humores políticos e, portanto, variáveis segundo as circunstâncias e imprevisíveis nos seus resultados. Estão ausentes quaisquer mecanismos regulares de reposição das fileiras, e a falta de quaisquer registros prévios, tanto dos indivíduos aptos ao serviço quanto dos isentos, torna a tarefa altamente arbitrária, imprevisível e errática.

Como forma de garantir o sucesso do apresamento militar, apesar de este ser uma "tarefa altamente arbitrária, imprevisível e errática", as autoridades incentivavam os recrutadores por meio de prêmios em dinheiro, a exemplo do exposto pelo presidente da província de Minas Gerais sobre o serviço das armas naquela província:

> Em observância às recomendações do Governo Imperial, tenho expedido as mais terminantes ordens para proceder-se ao recrutamento com o maior empenho, conforme exigem as circunstâncias do país. Para este fim e para conseguir-se a prisão de guardas nacionais designados que não compareceram, ou que ausentaram depois de aquartelados, *ordenei ao chefe de polícia que autorizasse os seus delegados a engajar até dez homens em cada município com a diária de 800 réis para auxiliá-lo nesta diligência.* (RPP, Pedro de Alcântara Cerqueira Leite, 1865, grifo do autor)

Recrutas recalcitrantes e incentivos para os recrutadores, o tributo de sangue, nas circunstâncias da "caçada humana", deixavam-se guiar, muitas vezes, pelo preceito maquiavélico dos fins que justificam os meios. Porém, os estratagemas utilizados pelas autoridades para o preenchimento das fileiras do exército concorriam "para tornar ainda mais odiosa a vida militar", como denunciou um tribuno mineiro:

> Lembro-me com algum pesar de um fato que nessa ocasião foi praticado na capital da província: milicianos que tinham sido

chamados para a função do Corpo de Deus, que vieram de Mariana e outros pontos para Ouro Preto, foram depois da festa de *Corpus Christi* recolhidos ao quartel, de onde marcharam para o Rio de Janeiro. Este ato da administração, que não louvarei, concorreu muito para tornar ainda mais odiosa a vida militar, porque entendeu-se que tinha sido um ato de traição chamar os milicianos para uma procissão e depois metê-los dentro de um quartel para virem servir no exército.[4]

Embora "este ato da administração, que não louvarei, [...] porque entendeu-se que tinha sido um ato de traição", convém destacar que entre a Guarda Nacional e o recrutamento militar havia um paradoxo digno de menção. Isto porque, quanto maiores eram os contingentes da milícia, consequentemente menores eram as probabilidades de êxito da prestação militar. Sendo assim, quanto menor o número de recrutas, maiores eram, por sua vez, as necessidades e possibilidades de convocação da Guarda Nacional, dadas as salvaguardas que esta última oferecia aos seus efetivos diante do encargo militar (Mendes, 1997, p.197).

Por conseguinte, os dirigentes do Paço imperial tinham, mais uma vez e imperiosamente, que negociar com os proprietários rurais naquilo que dizia respeito ao tributo de sangue. De certa forma, cabia a estes últimos a sorte daqueles que assentariam praça na tropa de primeira linha. Dos acordos e pactos firmados entre ambos gestava-se uma economia moral em torno das levas humanas cobradas pelo imposto de vida e morte dos súditos do Império brasileiro.[5]

Porém, por ocasião do conflito com o Paraguai, as relações de confiança e reciprocidade entre o Estado imperial e o senhoriato agrário viram-se abaladas. Isto porque a necessidade cada vez

---

4 *Anais do Senado do Império do Brasil.* Sessão de 30 de julho de 1874 (apud Mendes, 1997, p.168-9).

5 Sobre o conceito de economia moral cf. Thompson, 1998. Cf. também Mendes, 1997, p.143-81.

maior – em função do prolongamento da guerra – de soldados para os corpos e batalhões do exército, colocou à prova a capacidade de proteção dos próceres locais em relação à sua clientela. Desse modo, a própria Guarda Nacional, que como vimos era a principal fonte de evasão ao serviço militar, não simbolizaria, durante as circunstâncias da campanha contra o Paraguai, uma garantia total ao recrutamento, bem como as demais redes de proteção e de privilégios locais (Mendes, 1997, p.219).

Assim sendo, os termos destacamento e recrutamento, antes distintos, com o decorrer da guerra e diante da voracidade dos agentes recrutadores, passaram a significar o mesmo temor, a saber, a prisão e a marcha para o conflito bélico na região platina, da qual a possibilidade de não retornar potencializava ainda mais o drama do tributo de sangue.

Destacamento e recrutamento: termos não necessariamente semelhantes, temores iguais

No que diz respeito à Guerra do Paraguai, muitos foram os trabalhos que tematizaram tal conflito. Não nos deteremos aqui sobre as causas e, principalmente, as consequências que a campanha platina acarretou ao Império brasileiro.[6] Interessa-nos salientar a necessidade cada vez mais crescente, por parte do Estado imperial, de contingentes para o esforço de guerra e, antes de tudo, a temeridade proporcionada pelo destacamento entre os corpos e batalhões da Guarda Nacional para o teatro de guerra platino.

Segundo Wilma Peres Costa (1996, p.226), iniciadas as primeiras hostilidades, o Império brasileiro encontrava-se em uma posição defensiva, haja vista a invasão das províncias de Mato Grosso

---

6 Sobre a literatura pertinente ao assunto cf. Costa, 1996; Madureira, 1982; Guimarães, 2001; Marques, 1995; Granziera, 1979; Salles, 1990; Vas, 2000; Chiavenatto, 1990; Doratiotto, 2002 e Souza, 1996.

e do Rio Grande do Sul pelas forças paraguaias. Ante esta situação, os dirigentes imperiais procuravam incutir na população um sentimento de patriotismo diante da desonra e ultraje nacionais proporcionados pela invasão dos exércitos de Lopez. De fato, a rendição do comandante paraguaio Estigarribia na cidade gaúcha de Uruguaiana, perante o próprio imperador D. Pedro II, foi um mote a mais para o entusiasmo patriótico em torno da libertação não apenas da província meridional, mas também de todo o Império. Entretanto, repelidas as forças invasoras do território nacional, a guerra deslocar-se-ia de uma situação defensiva para uma posição ofensiva.

Sendo assim, mais soldados seriam necessários para a causa contra o Paraguai. A este respeito, Nabuco de Araújo assim se expressava ao comandante da Guarda Nacional da Corte:

> V. Ex.ª deve fazer sentir à Guarda Nacional que é urgente o seu auxílio para que o nosso exército possa vingar a pátria invadida e ultrajada pelo estrangeiro; que este dever lhe é imposto pela constituição do Império e pela lei da instituição; que nenhum guarda nacional pode, sem desdizer o nome de brasileiro, deixar de acompanhar o seu imperador, que, no meio das dificuldades da guerra, lá está no Rio Grande do Sul, fazendo um grande sacrifício para dar um grande exemplo. Com efeito, é preciso vencer o Paraguai e vencer já, para que a vitória, por tardia, não seja desastrosa como a derrota; para que a vitória, por tardia, não seja atribuída ao tempo e aos recursos do Império, em vez de devida ao patriotismo e ao gênio da Nação brasileira. (Joaquim Nabuco apud Costa, 1996, p.233)

Porém, o aliciamento de soldados, "para que a vitória, por tardia, não seja desastrosa como a derrota", na opinião de outra autoridade, somente "o recrutamento podia trazer gente para a guerra" (RPP, Joaquim Saldanha Marinho, 1867). Contudo, as fileiras do exército não poderiam ser compostas apenas por viajantes errantes, desocupados e vadios, gente, em geral, que não se encontrava sob a proteção de um notável local e, muito menos, gente com cuja sorte ninguém se importaria. E conforme demonstramos anteriormente, os métodos adotados pelos agentes recrutadores tornavam ainda mais odiosa a prestação militar perante a população. Dessa maneira, estímulos e privilégios seriam necessários para a arregimentação dos recrutas e a mobilização para a guerra.

Neste aspecto, "atendendo às graves e extraordinárias circunstâncias em que se acha o país, e à urgente e indeclinável necessidade de tomar [...] todas as providências para a sustentação no exterior da honra e integridade do Império" (CLIB, Decreto n. 3.371 de 7 de janeiro de 1865),[7] foram criados, em janeiro de 1865, os corpos dos voluntários da pátria.

Ser voluntário da pátria era gozar de vantagens em relação aos seus semelhantes no exército. Assim o voluntário receberia, além do soldo, trezentos réis diários e a gratificação de 300$000 quando da solicitação da baixa. Afora esses incentivos, havia também o benefício de 22.500 braças quadradas de terras nas colônias militares ou agrícolas do Império (CLIB, Decreto n. 3.371, de 7 de janeiro de 1865, art. 2º). Os guardas nacionais também poderiam apresentar-se como voluntários. Então gozariam dos mesmos privilégios citados e seus oficiais teriam nos corpos do voluntariado as mesmas patentes que possuíssem na corporação civil, bem como outras gratificações especiais e honorárias (idem, art. 3º e seguintes).

Porém, há de se destacar que os prêmios oferecidos, bem como o próprio tempo de serviço que duraria até o fim do conflito, na verdade camuflavam o caráter voluntário do encargo militar. Na falta de outra alternativa de evasão, os corpos dos voluntários da pátria sinalizavam, no mínimo, um tratamento diferenciado e menos rígido daqueles dispensados às praças de primeira linha.

---

7 Para o esforço na guerra contra o Paraguai, o Império brasileiro utilizou-se, além dos voluntários da pátria, dos guardas nacionais destacados, recrutamento forçado, voluntariado comum e manumissão de escravos do Estado, das ordens particulares e dos particulares. Para mais detalhes, cf. Mendes, 1997, p.216.

Nesse aspecto, Mendes (1997, p.230) confirma:

> Dadas as substanciais diferenças de pagamento, termos de serviço e consideração pública entre recrutas e os voluntários da pátria, a ameaça do recrutamento servia de poderoso "incentivo" ao voluntariado e ao destacamento dos refratários da Guarda Nacional, na ausência de alternativas de evasão.

Em paralelo à criação dos corpos dos voluntários da pátria, e igualmente como parte do esforço de guerra, também em janeiro de 1865, os dirigentes imperiais requisitaram em todo o Império nada menos do que 14.796 guardas nacionais, distribuídos de acordo com a tabela a seguir:

Tabela 21 – Contingentes da Guarda Nacional a serem destacados para a Guerra do Paraguai, 1865

Províncias	Guardas Nacionais destacados
Corte	300
Rio de Janeiro	1.384
Bahia	2.440
Pernambuco	2.424
Maranhão	1.060
Sergipe	644
Piauí	1.160
Paraíba	624
Ceará	1.060
Rio Grande do Norte	624
Alagoas	484
Espírito Santo	208
Pará	1.040
Amazonas	230
Paraná	416
Goiás	490
Santa Catarina	208
Total	14.796

Fonte: *CLIB*. Decreto n. 3.383, de 21 de janeiro de 1865.

A tabela permite entrever, mais uma vez, a sobrerrepresentação das províncias do Norte em detrimento da sub-representação das do Sul, naquilo que diz respeito ao imposto de sangue (ibidem, p.107). Neste sentido, as províncias da Bahia e de Pernambuco destacaram-se como as que mais deveriam fornecer milicianos para a guerra no Paraguai.

Em que pesem estas considerações, as províncias de São Paulo e Minas Gerais, esta a mais populosa de todo o Império, deveriam, respectivamente, fornecer três mil e seis mil guardas nacionais (CLIB. Decretos n. 3.381 e n. 3.382, de 21 de janeiro de 1865). Segundo Costa (1996, p.229), o efeito conjunto destas medidas não tinha outra finalidade a não ser atingir:

> [...] aqueles setores da população livre que até então estivera fora do alcance do recrutamento militar, que atingia sistematicamente apenas as camadas mais pobres e desprotegidas da população. O meio escolhido, a atribuição de nítidas vantagens materiais e simbólicas em relação às forças de linha, destinava-se, provavelmente, a vencer a repugnância que o serviço militar inspirava às camadas médias [...]

Entretanto, os contingentes exigidos, para desespero das autoridades competentes, jamais chegaram a ser preenchidos de fato, como bem reconheceu o presidente da província de Minas:

> Sinto dizer-vos que até o presente não tem sido possível remeter completos os contingentes exigidos para este serviço, por que sob variados pretextos escusam-se, com ou sem razões plausíveis, os respectivos comandantes, de sorte que desde que tomei conta da administração só dois guardas nacionais, e esses mesmos refratários, foram remetidos para o teatro da guerra. Não foram poucos os esforços empregados pelo meu antecessor para obter os contingentes pedidos, mas, a tudo rebelde, a Guarda Nacional tem-se eximido do seu dever, sendo certo que não por falta

de pessoal idôneo, porém por indolência de seus comandantes, assim tem procedido. (RPP, José Maria Corrêa de Sá e Benevides, 1869)

A falta de efetivos para a guerra também era creditada, conforme assunto já discutido neste trabalho, ao "estado de desorganização da Guarda Nacional", de acordo com a opinião de outro presidente da província mineira:

> Se a antipatia às armas era já um obstáculo ao preenchimento das vistas do Governo Imperial, o estado de desorganização da Guarda Nacional na província não concorreu também menos para que se não pudessem completar os contingentes. (RPP, Joaquim Saldanha Marinho, 1867)

Na verdade, a "indolência de seus comandantes" e "a antipatia às armas" deviam-se, basicamente, às isenções previstas nas leis e às redes de proteção locais que protegiam os recrutas em potencial do serviço militar. Porém, o esforço de uma guerra cada vez mais demorada contra a República do Paraguai acabaria por fazer do recrutamento uma atividade mais rígida e temerosa. E os agentes recrutadores tenderiam a ignorar, no afã de completar as cotas solicitadas, os privilégios locais ao encargo militar. Em contrapartida, a fuga e as resistências aos destacamentos da Guarda Nacional, bem como toda espécie de subterfúgio assumiriam contornos crescentemente mais amplos e dramáticos (Mendes, 1997, p.219).

No que diz respeito à guarda, por sinal, a principal fonte de isenção ao assentamento na tropa de primeira linha, os olhos das autoridades responsáveis pelo recrutamento voltaram-se imediatamente para os contingentes da milícia civil, uma vez que:

> Tendo sido chamados a serviço mais urgente os corpos de linha e policial, que em regra faziam o serviço da guarnição e o de destacamento em diversos municípios, *foi indispensável chamar a Guarda*

Nacional para desempenhá-lo. (RPP, Pedro de Alcântara Cerqueira Leite, 1865, grifo do autor)

Sobre o caráter imprescindível da milícia para o esforço de guerra, Mendes (1997, p.235) elucida algumas questões:

A indispensabilidade da Guarda Nacional nas rotinas da administração contrastava vivamente, entretanto, com os obstáculos à realização das tarefas do recrutamento que o diletantismo da guarda e a sua imersão nas redes de pertencimento local representavam. Já antes da guerra, a Guarda Nacional havia sido considerada como a principal causa da ineficácia do recrutamento, seja pela ineficiência na captura dos recrutas, seja pelas isenções que a própria guarda oferecia, indisponibilizando boa parte da população livre para o exército.

Apesar de a Guarda Nacional ser "considerada como a principal causa da ineficácia do recrutamento", os batalhões da corporação não poderiam ser ignorados pelas autoridades, principalmente as de Minas Gerais, que deveriam arregimentar um contingente de seis mil guardas nacionais. Desse modo, perante tal necessidade, o presidente daquela província tomou as seguintes providências:

Por decreto de 21 de janeiro deste ano, chamou o Governo Imperial seis mil guardas nacionais desta província a serviço de destacamento na de Mato Grosso. [...] Para facilitar a reunião, dividi a província em cinco zonas, marquei pontos centrais para onde convergissem os guardas e coloquei neles oficiais de linha, que de acordo com os comandantes superiores os fosse organizado por companhias e instruindo-os no manejo das armas. (RPP, Pedro de Alcântara Cerqueira Leite, 1865)

Contudo, o mesmo presidente admitia uma acentuada demora na execução das suas instruções, assim como "embaraços de outra ordem":

Além do morosíssimo processo que a lei estabelece para este serviço, embaraços de outra ordem começaram desde logo a aparecer. A situação do país e a urgência do serviço não comportando mais delongas, ordenei aos conselhos de revista que reformassem os trabalhos de qualificação, que fossem irregulares e por si fizessem a designação. (ibidem)

Obviamente, o executivo provincial estava atento aos casos "excetuados na lei". Para tanto, convocou um grande número de batalhões da Guarda Nacional, sob a alegação de que:

Parecerá exagerado o número dos batalhões convocados, julguei, porém não dever reduzi-lo, porque ficaria mui diminuto a força de cada um, *desde que se excluíssem além dos excetuados na lei, os casados com filhos e viúvos com filhos*, e também por entender que de outro modo não era possível corresponder as instantes ordens do governo imperial. Revesti de muito rigor as instruções anexas, mandando reunir todas as praças dos corpos; porque desse modo poderia haver maior número de voluntários da Guarda Nacional em uma província [vasta] como esta, onde as qualificações abrangem a quase totalidade dos homens válidos e cessar também o motivo, muitas vezes alegado, de furtarem-se ao serviço, por não ser ele decretado para todos. (ibidem, grifo do autor)

Paralelamente a estas medidas, o presidente em questão recomendou ainda "instantemente a prisão dos [guardas] designados que não compareciam, ou que se ausentavam depois de aquartelados". Entretanto, o efeito agregado destas ordens não surtiu o resultado desejado, como, por fim, lamentou a mesma autoridade: "infelizmente, porém, nas épocas marcadas para a reunião dos guardas, diminuto foi o número dos que compareceram" (ibidem). Para se ter uma ideia da pequena cifra mencionada, convém observar a tabela que segue:

Tabela 22 – Guarda Nacional destacada na província de Minas Gerais para a Guerra do Paraguai, 1865

Localidades	Guardas Nacionais Destacados
Ouro Preto	225
Diamantina	40
Paraibuna	11
Serro	20
Mucuri	16
São Romão	12
Passos	11
Grão Mogol	10
Bagagem	10
Januária	10
Sabará	10
Mariana	*8*
Recebedoria das Três Ilhas	4
Recebedoria das Flores	2
Total	389

Fonte: *RPP*, Pedro de Alcântara Cerqueira Leite, 1865 (grifo do autor).

Comprovamos que a outrora capital Ouro Preto foi a que mais forneceu guardas nacionais para o conflito platino. Em contrapartida, o município de Mariana chama a atenção pelos seus míseros oito milicianos, não obstante essa localidade fosse uma das mais populosas da província de Minas Gerais e, além disso, possuía uma guarda relativamente organizada e numerosa, com quatro batalhões de infantaria com seis companhias, um batalhão de reserva também com seis companhias, e um esquadrão de cavalaria com duas companhias cada. Dessa forma, será que os demais guardas marianenses, assim como os de outros municípios, simplesmente fugiram para os matos e ermos sertões? Ou simplesmente alegaram ser casados ou viúvos com filhos menores para sustentar?

E ainda convém levar em consideração que dos seis mil milicianos solicitados pelo Império, em 1865, à província de Minas

Gerais, somente 1.110 guardas haviam sido destacados, em apenas dois anos, para o teatro da guerra no Paraguai (RPP, Joaquim Saldanha Marinho, 1867). Nesse caso, onde estariam os 4.890 guardas restantes?

De certo modo, os trabalhos na arregimentação dos guardas esbarravam na falta de informações a respeito do efetivo da própria milícia civil na província mineira, e só "aproximadamente" se poderia calcular o número de milicianos da corporação, a exemplo do relatório abaixo:

> Calcula-se aproximadamente a força da Guarda Nacional do serviço ativo em 66.634 praças, porém notando-se nas poucas informações ultimamente recebidas, diferença para mais em relação ao algarismo que serviu de base ao cálculo, presumo que o número deve ser maior, *entretanto nada se pode afirmar com exatidão, por falta de pontualidade na remessa das informações respectivas.* (RPP, Elias Pinto de Carvalho, 1867, grifo do autor)

Obviamente, a "falta de pontualidade na remessa das informações" estava intrinsecamente ligada às injunções de ordem política. Sendo assim, naquilo que diz respeito ao imposto de sangue, cada clientela procurava, à sua maneira, poupar seus correligionários do encargo militar. Neste aspecto, o presidente da província de Minas conclamava pelo "geral acordo dos partidos em fazer calar a política interna":

> Bastava que cada município prestasse cento e cinquenta homens, e nem um há que dobrado número não pudesse prestar, sem vexar a lavoura e o comércio, para que ela não só desse o contingente pedido, mas o excedesse. O que faltava para isto? O geral acordo dos partidos em fazer calar a política interna para, unidos em um só pensamento, como uma entidade única, salvarem os brios da pátria, a dignidade e honra nacional. Eis em minha humilde opinião a causa principal de esmorecimento que se seguiu ao fervente entusiasmo com que ao começar a guerra se manifestou

o brioso e sempre leal povo mineiro. (RPP, José Maria Corrêa de Sá e Benevides, 1869)

Na verdade, a união "em um só pensamento, como uma entidade única" era algo difícil de se concretizar, principalmente segundo a opinião de outro presidente – se a oficialidade da Guarda Nacional, aliás, "única força mal organizada", estivesse "quase toda nas mãos dos adversários políticos do governo":

> A Guarda Nacional, única força mal organizada, que jazia espalhada pela província, acha-se por sua oficialidade quase toda nas mãos dos adversários políticos do governo. A inércia pelo menos de tão poderoso elemento da ordem era para temer-se em qualquer conjuntura grave. (RPP, Domingos de Andrade Figueira, 1869)

Além da "inércia" que paralisava e, de certa forma, acentuava uma "conjuntura grave", há de se destacar que o exercício do cargo do presidente da província era demasiadamente curto. Para uma província como Minas Gerais, cuja média de tempo entre uma administração e outra era de seis meses e vinte e dois dias (Iglésias, 1958, p.40-1), depreende-se que pouco poderia ser feito nos assuntos atinentes tanto à Guarda Nacional quanto ao recrutamento militar, como, aliás, reconheceu o próprio presidente:

> A Guarda Nacional quer para o serviço ordinário, quer para o extraordinário, não prestou os serviços que podia e devia, nem está regularmente organizada. Empreguei diversos esforços para melhorar este estado de coisas, mas o espírito político de uns, a má vontade e ignorância de outros, impediram de corrigir coisa alguma. Há necessidade de medidas enérgicas e radicais para elevar a instituição à altura da lei e das necessidades públicas, para corrigir abusos crônicos no serviço da capital, *o que faria se me demorasse na administração.* (RPP, José Maria Correia de Sá e Benevides, 1870, grifo do autor)

Afora estas questões, convém salientar que a resistência dos comandantes da milícia civil, naquilo que dizia respeito ao destacamento de seus comandados, devia-se também ao medo das rebeliões escravas que o desguarnecimento dos corpos e batalhões da Guarda Nacional, assim como do policial poderia suscitar, em especial naquelas províncias com grande concentração de cativos (Costa, 1996, p.234). Não podemos esquecer que Minas Gerais era a maior província do Império em termos de população escrava.

De fato, esta preocupação não passou despercebida pelas autoridades, entre elas, o político Pimenta Bueno:

> Enquanto estiveram unidas as províncias de Rio de Janeiro, São Paulo e Minas Gerais haverá Império e enquanto elas tiverem tranquilidade e recursos, eles os terá; fora disso não. Pois bem, nessas três províncias e secundariamente no recôncavo da cidade da Bahia é justamente onde está a grande e horrível massa de escravatura, animada de sinistras aspirações [...]. Ignorará a escravatura a existência da guerra externa, a retirada das forças de linha, o desfalque da população livre, a fuga, a dispersão e ocultação da gente apropriada para o recrutamento? (Joaquim Nabuco apud Costa, 1996, p.235)

No tocante à escravidão, apesar do temor que os escravos poderiam proporcionar com insurreições mediante o deslocamento dos batalhões da Guarda Nacional, da tropa de linha e do corpo policial para a guerra, eles ao menos sinalizavam uma solução para a crônica falta de efetivos para a guerra, qual seja, a manumissão de cativos. Tal possibilidade, discutida nos meses finais de 1866, provocou sérias discussões no Conselho de Estado. Conselheiros como Itaboraí, Olinda e Torres Homem opuseram-se veementemente a tal medida sob a alegação de que as senzalas ficariam agitadas, além de desnudar a espinhosa questão da emancipação (Mendes, 1997, p.245).

Outros políticos, como o já citado Pimenta Bueno, eram favoráveis à ideia da arregimentação de escravos libertos. Isto porque, além de desonerar os cofres públicos, o Estado imperial distribuiria benesses, como honrarias e títulos nobiliárquicos àqueles proprietários que assim quisessem libertar seus escravos, numa clara alusão à política clientelista entre o Paço imperial e os proprietários rurais. Durante a sessão do Conselho de Estado, Pimenta Bueno assim explicava e defendia a ideia da manumissão de cativos:

> A ideia que domina este projeto é que alguns em vez de desejarem condecorações preferirão eximir seus feitores, filhos, mesmo menores afilhados, parentes ou protegidos e associar, assim, o serviço que prestam com algum interesse seu ou de afeição ou mesmo compensação que poderão depois auferir dos indivíduos que assim se isentem.[8]

As questões até aqui discutidas desnudam a complexidade que revestia o recrutamento militar no Império brasileiro, com destaque durante a Guerra do Paraguai. Uma guerra, sem dúvida demorada, em que "só por milagre poderíamos conseguir a animação pública de 1865" (RPP, José da Costa Machado de Souza, 1868). Além disso, o conflito com o Paraguai exigia cada vez mais contingentes que, na opinião das autoridades responsáveis pela prestação militar, extrapolava exponencialmente a sua capacidade de aquisição de efetivos em circunstâncias normais de paz.

Mais uma vez evidencia-se a distribuição desigual do encargo militar, bem como os "horizontes de invisibilidade da população". Evidentemente, mais do que "invisíveis", os guardas nacionais e outros prováveis recrutas encontravam-se sob a proteção de potentados locais, ou nas palavras de um oficial da corporação civil, "apatrocinados" por aqueles:

> Na minha anterior eu disse a V. Ex.ª que pretendia seguir breve para outros pontos da província, mas deixei de fazê-lo pelos moti-

---

8 *Atas do Conselho de Estado*. Sessão de 5 de novembro de 1866 (apud Mendes, 1997, p.245-6).

vos que passo a expor: 1º porque as continuadas chuvas tem tornado os caminhos quase que interrompidos; 2º por me ser necessário tempo para por-me em contato com os indivíduos que estão nas circunstâncias de se alistarem, porque achando-se estes foragidos, só por intermédio dos parentes ou protetores, é que posso entender-me com eles; e 3º finalmente, por ver que só depois do pleito eleitoral poderei obter auxílio de algumas autoridades e das influências locais que a isso se mostram dispostos. Espero que o meu procedimento merecerá a aprovação de V. Ex. Infelizmente foram frustradas as esperanças, que a princípio nutri, de ser auxiliado pelo senhor coronel comandante superior deste município [Oliveira], *porque esse senhor não tem dado um só passo nesse sentido, e nem mesmo para fazer cumprir as ordens de V. Ex.*, a respeito da reunião dos guardas nacionais designados. Destes muitos passeiam livremente pelas ruas da cidade e segundo a voz pública apatrocinados por S. S como votantes do seu partido! O senhor tenente-coronel José Gomes Pinheiro, que dizem se portava com energia no cumprimento das ordens de V. Ex.ª acha-se ausente desde que aqui cheguei. O Dr. Gabriel, juiz municipal, e o subdelegado de polícia, major Teixeira, são os que mais interessados se mostram para me coadjuvarem. O que tem sido muito prejudicial, Exm. Sr., é o desfarçamento com que muitos indivíduos, *alguns deles ocupando postos na Guarda Nacional*, procuram amedrontar o povo para afastá-lo do alistamento! E ainda não é só isso; chegam ao ponto de *acoitarem grupos em suas fazendas!* Se não fosse a convicção que nutro de que esses indivíduos sem patriotismo, procedem desse modo, com o único fim de molestarem o Governo Imperial e a V. Ex. sem se lembrarem dos males que causam ao país, com grande [pesar] para a província, eu diria que eles são emissários do ditador do Paraguai. Consta-me que para o centro da província, existem grupos armados em diversos pontos, dispostos a resistirem à prisão.(idem, anexo 11, grifos no original)

O ofício acima, sem dúvida, bastante minucioso, revela alguns dados interessantes. Em primeiro lugar, para obter sucesso no destacamento dos "indivíduos que estão nas circunstâncias de se alistarem", que, por sinal, estavam "foragidos", o oficial em questão deveria antes, em tempo hábil, entrar em contato com os "parentes ou protetores" para, desse modo, "entender-me com eles". No entanto, o sucesso dependia primordialmente da espera do "pleito eleitoral", haja vista o "auxílio de algumas autoridades e das influências locais que a isso se mostram dispostos".

Em segundo lugar, se havia, por um lado, "influências locais" dispostas a ajudar, por outro, havia outras que pouco ou nada faziam a favor do alistamento dos guardas nacionais. Dentre estas, destacava-se o próprio comandante superior, pois "esse senhor não tem dado um só passo nesse sentido e nem mesmo para fazer cumprir as ordens de V. Ex.". De fato, ele, "segundo a voz pública", protegia seus subordinados por serem "votantes do seu partido"!

Porém, o terceiro e mais importante aspecto a ser destacado faz menção explícita às redes locais de proteção e isenção ao serviço militar, visto que "muitos indivíduos, alguns deles ocupando postos na Guarda Nacional, [...] chegam ao ponto de acoitarem grupos em suas fazendas"! Sem dúvida alguma não seria muito prudente entrar em atrito direto com estes oficiais refratários, sem antes, é claro, contar com o apoio de autoridades, como o "Dr. Gabriel, juiz municipal, e o subdelegado de polícia, major Teixeira, [pois] são os que mais interessados se mostram para me coadjuvarem". Afinal, "para o centro província, existem grupos armados em diversos pontos, dispostos a resistirem à prisão".

Entretanto, além de "molestarem o Governo Imperial" e serem "emissários do ditador do Paraguai", depreende-se que a guerra na região platina acentuava ainda mais a cooptação dos grupos locais por parte do Estado imperial brasileiro. Grupos estes que aspiravam à simpatia dos dirigentes imperiais em detrimento dos seus adversários políticos. De certa forma, o ofício acima transcrito não almejava, apesar das dificuldades relatadas, o reconhecimento e "a aprovação de V. Ex."?

A imperiosa e desesperada necessidade de repor os soldados nas fileiras do exército fez com que as autoridades do Paço angariassem e, consequentemente, dependessem ainda mais do apoio e do conhecimento dos próceres locais dos "horizontes de invisibilidade da população" no esforço militar do Império. Sendo assim, os prelados da Igreja católica constituíam igualmente uma importante clientela local que não poderia ser ignorada na luta contra o Paraguai. Mendes (1997, p.160) informa:

> Na ausência de suficiente pessoal letrado e na suposição de maior respeitabilidade e de alguma neutralidade, um conjunto considerável de funções estranhas ao cuidado das almas será atribuída ao clero pelo Estado, tais como a elaboração de listas de população, a participação nas mesas eleitorais, o registro de terras e mesmo o sorteio para o recrutamento.

Assim, "na suposição de maior respeitabilidade e de alguma neutralidade", o presidente da província de Minas Gerais endereçou uma carta aos bispos de Mariana e Diamantina, com o intuito, tão-somente, de "ser aumentado o exército, a fim de que a campanha tenha um termo pronto".

O texto a seguir é longo, mas igualmente pertinente para o assunto em foco:

> Não ignora V. Ex. Revma. a grave situação em que se acha o país, em virtude da guerra a que fomos provocados pelo Paraguai. Não ignora também V. Ex. Revma., que apesar dos prodígios de valor praticados pela armada e exército nacionais, a luta prolonga-se, graças ao clima e dificuldades, que oferece o terreno das regiões inóspitas, onde os nossos tiveram de penetrar perseguindo o inimigo. As notícias que quase diariamente chegam do teatro da guerra, manifestam a urgente e indeclinável necessidade, de com a máxima rapidez, ser aumentado o exército, afim de que a campanha tenha um termo pronto. O Governo Imperial confiado como deve no patriotismo da nação apelou para ela e decretou novas levas de soldados. À província de Minas foi marcado um contingente de 1.200 homens, o que comparado com a sua população de 1.600.000

almas, é contribuição bem insignificante, sobretudo se atendermos a que a Bahia, por exemplo, que conta metade da população de Minas, já ofereceu 15.000 homens. Com dor confesso, esta província que tantas glórias contam no seu passado, e que tantas e tão esplêndidas provas tem dado da sua abnegação e do seu patriotismo, não correspondeu até hoje, já não digo ao que todo o país esperava dela, mas, sobretudo às aspirações e ardentes desejos de seus próprios filhos. Causas que não me cabe agora apontar e de que não tem culpa a população mineira, foram origem de um fato pouco consentâneo com os seus brios e dignidade. Cumprindo o que me foi ordenado, acabo de expedir as instruções necessárias para a designação de guardas nacionais e para o alistamento de voluntários. Mas, como já tive a honra de dizer a V. Ex. Revma., urge de um modo imperioso a remessa dessas forças. Não se trata, pois, unicamente de reuni-los, trata-se também de fazê-los marchar sem a mínima demora. Para obter este resultado simultâneo, é necessário o concurso de todos. V. Ex. Revma., a cuja voz autorizada, a cujas elevadas virtudes deve a província de Minas, tantos e tão nobres exemplos, tantas e tão nobres lições pode, e ouso, respeitosamente dizer, cumpre dar mais um grande ensino, lembrando a todos as provas de sua diocese, o que aconselha, o que ordena o mais santo dos deveres – a defesa da pátria. Nimiamente indulgente e bondoso como V. Ex. Revma. é me revelará a importunidade desta carta, certo, porém do quanto V. Ex. Revma. prega e avalia pelo justo as grandes ideias da pátria e de liberdade, e de como V. Ex. Revma. compreende a santidade da causa, que representam nossas armas na luta com um povo selvagem, atrevo-me a esperar que se dignará apoiar, com grande autoridade da sua eloquente palavra, os esforços desta presidência, no empenho de que em brevíssimo espaço esteja em marcha o contingente da força pedida à província de Minas. (idem, anexo 5)

O apelo às autoridades eclesiásticas "na luta com um povo selvagem" não foi algo fortuito. Afinal, os padres eram responsáveis pela contagem das almas, naquilo que dizia respeito aos registros de nascimento, casamento e morte dos habitantes de suas paróquias. Desse modo, "com grande autoridade da sua eloquente palavra", os membros dignitários da Igreja Católica constituíam uma excelente fonte de informações para o Estado sobre o paradeiro da população. De certa forma, perante os olhos da Igreja, e principalmente de Deus, os recrutas em potencial não teriam como ficar "invisíveis", especificamente em uma "província que tantas glórias contam no seu passado [...] não correspondeu até hoje [...] às aspirações e ardentes desejos de seus próprios filhos".

Na realidade, os próprios padres e demais autoridades eclesiásticas também se encontravam imersos nas redes de proteção e privilégios locais. Mais uma vez, o Estado imperial via-se na contingência de depender da boa vontade deles. Sendo assim, os prelados, conforme, é claro, a convergência e a imprevisibilidade de seus interesses, poderiam atuar em prol das necessidades militares do Império, a exemplo de um certo vigário que "como pastor e como brasileiro", encaminhou o seguinte ofício ao presidente da província de Minas Gerais:

> Tenho a honra de acusar recebida a portaria de V. Ex. datada em 15 de novembro próximo findo [1866], que trouxe inclusas as proclamações do Exmo. Governo, Assembleia Provincial e a pastoral do Sr. Bispo de Mariana, convidando os mineiros ao mais sagrado de seus deveres: isto é conservar a integridade do Império, repelir a afronta e vingar os brios nacionais, etc., etc. A muito me ocupava a tribuna sagrada por tão importante motivo e agora tenho redobrado esforços, como pastor e como brasileiro, em comícios particulares, mas é dizer que *pouco ou nada espero do conselho, em vista dos conselheiros das trevas, que se lembram de fazer oposição por semelhante meio*; resta-me ainda o consolo de ver que as autoridades vão prosseguindo, designando e prendendo recrutas; meus esforços hão de continuar. (idem, anexo 18, grifos no original)

Mais do que ocupar "a tribuna sagrada", o padre em questão evidentemente pactuava com as autoridades imperiais responsáveis pelo tributo de sangue. Com certeza, para "conservar a integridade do Império, repelir a afronta e vingar os brios nacionais", o prelado haveria de receber em troca uma retribuição, motivo pelo qual redobrava seus esforços "em comícios particulares".

Porém, muito embora "as autoridades vão prosseguindo, designando e prendendo recrutas", em contrapartida havia clérigos que "em vez de ler e explicar aos seus paroquianos as proclamações dos senhores bispos", faziam "predigas públicas na matriz aconselhando aos seus fregueses que se ocultem":

Chegando ontem do distrito de Morrinhos e Japoré, deste município, para onde parti no dia 23 de mês próximo passado [1867], afim de passar revista na 6ª e 8ª companhia, e fazer nelas a designação dos guarda nacionais, que devem completar o contingente por V. Ex. marcado, ao batalhão ao meu comando, ocorreu que as revistas não compareceram senão os doentes e alguns casados com filhos, isto em razão de haver o vigário daquela freguesia Ramiro José de Souza aterrado o povo, e o aconselhado a ocultar-se nos matos, o que efetivamente sucedeu. Procedi à designação nas ditas companhias, e por se a 6ª de 332 guardas nacionais, designei trinta, e da 8ª, vinte, e mandando os intimar para se apresentarem no arraial da Manga de Cima oito dias depois, somente um se apresentou no referido dia, e por isso conforme as instruções do Exm. Governo entreguei as listas dos designados aos subdelegados daqueles distritos de Morrinhos e Japoré, e recomendei-lhes a prisão dos mesmos designados, e sua pronta remessa para o quartel desta cidade. Não é Exm. Sr. de hoje, que o vigário Ramiro José de Souza, abusando da tolerância das autoridades, procura em toda aquela freguesia frustrar as medidas da polícia, as ordens do governo e das autoridades locais; já em 1865 por ocasião de engajamento de voluntários, o referido vigário desvaneceu a todos quanto se queriam alistar, com invectivas aterradoras; agora o mesmo ou ainda pior tem praticado, e em vez de ler e explicar aos seus paroquianos as proclamações dos senhores bispos, que lhe foram remetidas, *faz prédicas públicas na matriz aconselhando aos seus fregueses que se ocultem*, para não irem ser vítimas da fome, da peste, e das metralhas dos paraguaios.

(idem, anexo 22, grifos no original)

Muito provavelmente, as "prédicas públicas" realizadas pelo vigário destinavam-se a proteger seus correligionários, naquele momento da guerra, do oneroso imposto de sangue, razão pela qual, por meio de "invectivas aterradoras", ele aconselhou o povo do lugar "a ocultar-se nos matos". A este respeito, imiscuindo-se no imaginário social do período ou, nas palavras de José de Souza Martins, na sociabilidade do homem simples,[9] talvez o medo maior da população nem fossem as "metralhas dos paraguaios", mas, sobretudo, o temor de deixar seus lares e entes queridos e arriscar--se em território estrangeiro. Com certeza, a "fome" e a "peste" seriam inimigos mais atrozes e cruéis do que o "povo selvagem" do Paraguai.

Contudo, o que fazer quando embrenhado em território hostil, sem víveres, sem medicamentos para cuidar dos feridos e dos doentes e, principalmente, sem esperanças de retornar para casa? Desses hipotéticos temores sobressai o relato verídico do visconde de Taunay, sobre um episódio da guerra do Paraguai que revela, em toda a sua dramaticidade, a sorte daqueles que partiram para a campanha platina: A Retirada da Laguna.

O comandante, neste momento, como fora de si, ordenou que se fosse imediatamente, à luz de tochas, abrir uma clareira na mata vizinha, para transportar até lá os coléricos e lá deixá-los. Ordem terrível de dar e terrível de executar, mas que, entretanto, forçoso é dizê-lo, não levantou nenhum dissentimento, nenhuma censura!

---

9 Muito embora José de Souza Martins (2008, p.9 e ss.) esteja preocupado em situar o homem comum como agente ativo do seu destino, principalmente de uma sociedade que se diz moderna, mas que não viveu plenamente a modernidade, como é o caso da sociedade brasileira, nos valemos, entretanto, da proposta do autor, a qual seria "tratar da vida social do homem simples e cotidiano, cuja existência é atravessada por mecanismos de dominação e alienação que distorcem sua compreensão da História e do próprio destino".

Os soldados logo puseram mãos à obra, como se obedecessem a uma instrução comum, e, em seguida (a que ponto o senso moral desaparecera sob a pressão da necessidade do momento!), alojaram na mata, com a espontaneidade do egoísmo, todos aqueles inocentes condenados, os infelizes coléricos, muitos deles companheiros de longa data, às vezes amigos postos à prova por perigos comuns. (Taunay, 1997, p.207-8)

O relato acima desnuda os perigos e, em certa medida, os receios potenciais representados pelo recrutamento militar. Sendo assim, transpondo-se a análise de Martins sobre a sociabilidade do homem simples, com as devidas ressalvas, para as circunstâncias provocadas pelo tributo de sangue, podemos afirmar que o encargo militar seria um daqueles momentos de "rupturas do cotidiano", pelo qual o medo do assentamento na tropa de primeira linha fazia instalar "o momento da invenção, da ousadia, do atrevimento, da transgressão" (Martins, 2008, p.57).

Tornam-se inteligíveis os artifícios utilizados pelos recrutáveis em potencial, no afã de se evadirem do serviço das armas. Vidas que seguiam o ritmo cotidiano de uma agricultura mercantil de subsistência que, de uma hora para outra, viam-se atormentadas pela presença real ou imaginária dos agentes recrutadores, cujos métodos pouco escrupulosos acentuavam o desprezo para com o encargo militar e, arriscamos dizer, igualmente para com um Estado em formação. Estado este, propugnador de uma concepção qualitativa de liberdade, que se imiscuía na esfera particular de seus súditos, em prol da constituição de um aparato detentor do monopólio da violência.[10]

Assim, as agruras provocadas pelo imposto de sangue suscitavam um rearranjo ou, quando muito, uma nova oportunidade de vida em outro lugar. Isto porque, na falta de outra alternativa qualquer de evasão, dadas as imensas dimensões continentais do Império brasileiro, o melhor a ser feito era, decerto, fugir para os

---

10 Sobre a concepção qualitativa de liberdade, cf. Berlin, 1981, p.26 e ss.

matos vizinhos. Alternativa, por sinal, muito usada no período em questão. O próprio Taunay (apud Costa, 1996, p.234), em suas memórias, reproduziu um provérbio bastante em voga na época: "Deus é grande, mas o mato é ainda maior!" A população masculina, adulta, livre e em idade produtiva, diante das circunstâncias do encargo militar, simplesmente "desaparecia", seja nas redes de proteção e de privilégios locais, seja nos distantes e ermos sertões do Império. Afinal, na sua longa narrativa, o jagunço Riobaldo dizia: "o sertão está em toda parte" (Rosa, 1986, p.1).

5
CIDADÃOS DO IMPÉRIO E OFICIAIS DA GUARDA NACIONAL: PRESTÍGIO SOCIAL, CARISMA E TENSÕES SOCIAIS NO COTIDIANO LOCAL

Tendo em vista as discussões abordadas nos capítulos anteriores, daremos, neste capítulo, especial destaque aos oficiais da Guarda Nacional do termo de Mariana. Faremos, em um primeiro momento, uma análise socioeconômica dos oficiais da corporação civil utilizando, para tanto, os inventários *post mortem*. Em seguida, com base nos dados indiciários levantados, procuraremos reconstituir alguns elementos da trajetória de vida destes comandantes, por meio do cruzamento com outras fontes de pesquisa (processos-crime, testamentos, entre outras) de modo a investigar as relações sociais, em especial a violência nela interiorizada, vale dizer, entre os próprios guardas nacionais e na sua relação com a população local e demais autoridades competentes.

No tocante à violência salientamos, consoante Maria Sylvia de Carvalho Franco (1997, p.17), que não procuramos ressaltá-la única e exclusivamente na documentação consultada. Afinal, segundo a autora, foi a própria violência inerente ao meio social que a gerou.

Aspectos socioeconômicos: os inventários *post mortem*

Quanto aos inventários *post mortem*, eles possuem duas características básicas: serial e compacta. Serial por ser um documento que se repete no tempo, possibilitando apreender uma região ou uma sociedade em um determinado momento, com suas permanências e transformações. O caráter compacto das fontes inventariais deve-se ao fato de elas permitirem analisar não apenas um único personagem, mas vários. Desta forma, podemos procurar a reconstituição de aspectos das vidas de homens ricos, pobres, livres ou escravos na dinâmica de suas relações e contradições sociais. Dito em outras palavras, os inventários possibilitam vários usos, permitindo alcançar também os homens comuns, dependendo, evidentemente, da maneira como são utilizados, ou seja, é o historiador, com sua perspectiva de análise, que define escolhas, arranjos e formas em meio à documentação, dentro de suas possibilidades de análise e pesquisa (Fragoso; Pitzer, 1988, p.30).

De modo geral, a estrutura de uma fonte inventarial obedece a uma lógica interna que apresenta poucas variações temporais, a saber: a abertura do inventário, a avaliação dos bens, os documentos comprobatórios da avaliação e das dívidas e a partilha dos bens (ibidem, p.32). Neste sentido, ao pesquisarmos os inventários dos oficiais da Guarda Nacional no acervo do Arquivo da Casa Setecentista de Mariana,[1] privilegiamos o item que diz respeito à avaliação dos bens,[2] com especial destaque para os escravos.

A respeito dos cativos é interessante lembrar que eles aparecem arrolados em conjunto com os animais, o que nos dá uma amostra e corrobora a forma pela qual eram vistos pela sociedade oitocentista brasileira, deixando entrever o modo como avaliava seus pertences e seus pertencentes (Fragoso; Pitzer, 1988, p.33). Neste aspecto, Machado de Assis (1997, p.33-4, grifos do autor) nos fornece, em um dos seus romances, um indício perspicaz dessa mentalidade:

> Prudêncio, um moleque da casa, *era meu cavalo de todos os dias*; punha as mãos no chão, recebia um cordel nos queixos, à guisa de

---

1 Doravante ACSM.

2 Nessa parte do inventário são descritos os bens móveis (mobílias e instrumentos domésticos), os de raiz (casas, senzalas e alambiques), os semoventes, bens que se movem (animais e escravos), e o rol das dívidas que podem ser tanto passivas quanto ativas (Fragoso; Pitzer, 1988, p.32-4).

freio, eu trepava-lhe ao dorso, com uma varinha na mão, fustigava-
-o, dava mil voltas a um e outro lado, e ele obedecia – algumas vezes
gemendo –, mas obedecia sem dizer palavra, ou, quando muito, um
"ai, nhonhô!", ao que retorquia: "Cala a boca, besta"!

Regra geral, os cativos constituíam os bens mais caros, além de
que o grau de riqueza do inventariado se media pelo número médio
daqueles (Fragoso; Pitzer, 1988, p.33). Convém ressaltar que o
termo de Mariana, de acordo com Francisco Eduardo de Andrade,
possuía a segunda maior população escrava, perdendo apenas para
São João del-Rei no contexto de uma província como Minas Gerais,
que detinha a maior população cativa de todo o Império (Andrade,
F. E., 1994, p.7). Sendo assim, dentre os inventários pesquisados no
supracitado arquivo, localizamos um total de 46 oficiais, tendo por
base uma relação nominal do comando superior da corporação civil
obtida no Arquivo Público Mineiro (APM, SG113, caixa 263).

Entretanto, um problema de ordem analítica se interpôs. Par-
tindo do princípio de que os escravos eram os bens mais caros a ser
avaliados nas fontes inventariais, deparamo-nos com os inventários
de oficiais que faleceram após a abolição da escravidão, em maio de
1888. Desse modo, a análise pretendida, de verificar qual era a porcentagem ocupada pelos preços médios dos cativos no montante total
dos bens avaliados em cada documento, esbarrou em uma primeira
dificuldade.

Contudo, tais inventários, que perfizeram um total de cinco,
foram retirados de nossa análise socioeconômica, muito embora
acreditemos que os inventariados, em razão do perfil escravista da
região em foco, tivessem sido proprietários de cativos. Esta, porém,
é uma suposição que não podemos afirmar com rigor. Além disso,
encontramos inventários que não traziam o registro do monte-mor,
ou seja, o valor total dos bens avaliados, que geralmente aparece registrado antes do procedimento da partilha no final do documento.
Essas fontes, que totalizaram nove, também foram retiradas.[3]

---

3 Destes nove inventários, quatro trazem o registro de posse de escravos. Porém,
   sem o valor total do monte-mor é impossível deduzir a porcentagem dos preços dos primeiros sobre o segundo.

Por fim, havia seis inventários cujo rol não apresentava a posse de escravos. Tais documentos foram igualmente retirados para a análise pretendida. Todavia, salientamos que eles não foram de todo descartados no estudo da composição socioeconômica dos oficiais da Guarda Nacional, como teremos oportunidade de comprovar logo adiante. Sendo assim, trabalhamos com um total de vinte e seis inventários, cujos dados pertinentes aos valores dos escravos e dos montes-mores foram agrupados na Tabela 23.

Os dados indicam que os preços médios dos cativos figuravam entre os bens mais caros avaliados nas fontes inventariais, a julgar pelos percentuais representados nos seus respectivos montes. Isto fica evidente pelos plantéis dos oficiais Antônio Coelho Linhares, Francisco José Pereira Bastos, Gomes Freire de Andrade, João Batista Alves Torres, João Martins de Carvalho, José Caetano Gomes, José Pereira Bastos, Mariano Rodrigues Lopes, Rafael Augusto de Azevedo e Sebastião Rodrigues Gomes, cujos valores representavam mais de 50% do valor total dos bens.

Entretanto, atentando-se para o ano do falecimento dos oficiais citados, percebe-se que eles morreram ao longo das décadas de 1850, 1860 e 1870, portanto, após a promulgação da Lei Eusébio de Queirós, que proibiu o tráfico intercontinental de escravos no Brasil. Neste aspecto, convém destacar que todos os inventários são pertencentes à segunda metade do século XIX. Sendo assim, no que diz respeito aos preços dos escravos, eles tenderam a subir em função da proibição do tráfico e também diante da perspectiva do fim da escravidão no Império. Contudo, com a proximidade da abolição dos escravos em 1888, os preços começaram a diminuir, como bem demonstram os valores dos cativos dos oficiais Manoel Gonçalves Mol e Manoel de Lana Starling, respectivamente 6,78% e 11,32% em relação ao valor total dos montes.[4]

Diante dessas questões, não podemos nos esquecer que os preços médios dos escravos variavam de acordo com o gênero, a idade

---

4 Sobre os preços dos escravos cf.: Andrade, 1988, p.163-86; Bergard, 2004, p.239-305.

Tabela 23 – Valor dos cativos na composição das fortunas dos oficiais da Guarda Nacional (1856-1886)

Nome	Ano	N. de Escravos	Valor total atribuído aos cativos	Monte-Mor	%
Gomes Freire de Andrade	1856	106	81.980$000	155.411$012	52,75
José Caetano Gomes	1857	84	88.540$000	138.408$277	63,97
David da Silva Pereira Coelho	1858	2	2.600$000	8.698$680	29,89
Sebastião Rodrigues Gomes	1859	33	26.060$000	32.629$006	79,87
Miguel Lourenço Dias	1860	6	4.250$000	9.169$220	46,35
Rafael Augusto de Azevedo	1862	8	9.200$000	12.448$414	73,90
Francisco José Pereira Bastos	1865	43	20.050$000	38.507$086	52,07
Antônio Tomás Pereira	1867	2	700$000	2.077$368	33,70
Antônio Jorge Moutinho de Morais	1868	16	10.750$000	24.727$444	43,47
Domiciano José da Silva	1870	2	220$000	1.374$540	16,01
Mariano Rodrigues Lopes	1870	2	2.000$000	3.691$380	54,18
Manoel Gomes Pereira	1871	7	4.150$000	13.624$480	30,46
João Martins de Carvalho	1873	10	9.400$000	17.174$184	54,73
Joaquim Maximiano Gomes	1873	11	6.700$000	25.062$266	26,73
João Batista Alves Torres	1874	26	20.700$000	30.395$000	68,10
José Pereira Bastos	1874	8	7.500$000	13.695$124	54,76
José Custódio Pereira Brandão	1877	23	17.100$000	197.179$856	8,67
José Mendes de Magalhães	1877	2	1.550$000	8.794$682	17,62
Modesto Soares de Azevedo	1877	23	25.800$000	63.827$838	40,42
Donato Gonçalves Martins	1880	5	4.600$000	33.430$444	13,76
Antônio Coelho Linhares	1881	86	55.800$000	102.051$110	54,68
Caetano Camilo Gomes de Oliveira	1881	32	19.350$000	57.175$800	33,84
Antônio Gonçalves Mol	1883	8	7.450$000	30.899$000	24,11
Sebastião Martins Guimarães	1883	3	3.100$000	19.192$570	16,15
Manoel de Lana Starling*	1884	9	4.500$000	39.769$565	11,32
Manoel Gonçalves Mol	1886	9	4.150$000	61.180$411	6,78

Fonte: ACSM, Inventários *post mortem* do 1º e 2º ofícios.

* O levantamento dos preços dos escravos foi feito com base no inventário da sua esposa, haja vista que o oficial em questão faleceu em 1903.

e a profissão por eles exercida. À luz destas considerações, elaboramos a Tabela 24 e o Gráfico 8 sobre a proporção entre mulheres e homens cativos:

Tabela 24 – Proporção dos Escravos entre Homens e Mulheres

Nome	Homens	Mulheres	Total
Antônio Coelho Linhares	44	42	86
Antônio Gonçalves Mol	7	1	8
Antônio Jorge Moutinho de Morais	10	6	16
Antônio Tomás Pereira	1	1	2
Caetano Camilo Gomes de Oliveira	21	11	32
David da Silva Pereira Coelho	2	0	2
Domiciano José da Silva	2	0	2
Donato Gonçalves Martins	4	1	5
Francisco José Pereira Bastos	22	21	43
Gomes Freire de Andrade	65	41	106
João Batista Alves Torres	14	12	26
João Martins de Carvalho	6	4	10
Joaquim Maximiano Gomes	5	6	11
José Caetano Gomes	49	35	84
José Custódio Pereira Brandão	16	7	23
José Mendes de Magalhães	1	1	2
José Pereira Bastos	6	2	8
Manoel de Lana Starling	4	5	9
Manoel Gomes Pereira	2	5	7
Manoel Gonçalves Mol	4	5	9
Mariano Rodrigues Lopes	1	1	2
Miguel Lourenço Dias	4	2	6
Modesto Soares de Azevedo	15	8	23
Rafael Augusto de Azevedo	6	2	8
Sebastião Martins Guimarães	2	1	3
Sebastião Rodrigues Gomes	20	13	33
Total	333	233	566

Fonte: *ACSM*, Inventários *post mortem* do 1º e 2º ofícios.

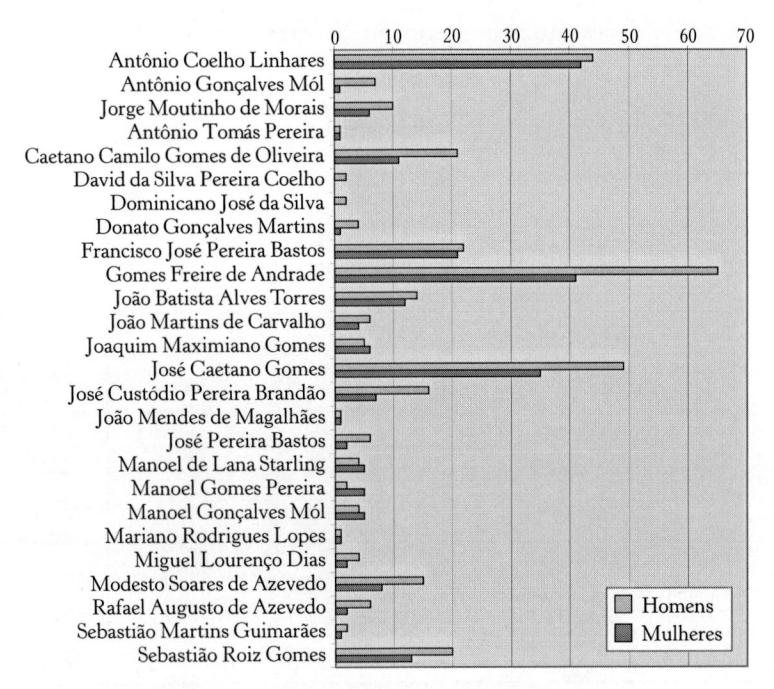

Gráfico 8 – Proporção dos Escravos entre Homens e Mulheres

Verificamos, pelos dados apresentados, uma proporção maior de escravos homens em relação às mulheres. Proporção esta, regra geral, presente na maioria dos plantéis cativos (Fragoso; Pitzer, 1988, p.33). Mas atentando para a mesma tabela e gráfico, percebemos uma pequena preponderância feminina nos plantéis dos já citados Manoel de Lana Starling e Manoel Gonçalves Mol, bem como do oficial Manoel Gomes Pereira, E há casos de relativa equidade entre escravos homens e mulheres, como podemos notar entre os cativos de Antônio Coelho Linhares, Antônio Tomás Pereira, José Mendes de Magalhães e Mariano Rodrigues Lopes.

Diante dos exemplos expostos, cabe indagar se havia a presença ou não de casais escravos, visto que há casos, como os dos oficiais Antônio Tomás Pereira, José Mendes Magalhães e Mariano Rodrigues Lopes, que possuíam um casal de escravos cada um. A mesma indagação pode ser perfeitamente aplicada para os grandes plantéis.

À luz destas questões, convém atentar para a Tabela 25 e o Gráfico 9.

Tabela 25 – Estado Conjugal do Plantel Escravo

Nome	Solteiro	Casado	Viúvo	Sem informação	Total
Antônio Coelho Linhares	71	8	1	6	86
Antônio Gonçalves Mol	2	0	0	6	8
Antônio Jorge Moutinho de Morais	5	0	0	11	16
Antônio Tomás Pereira	1	0	0	1	2
Caetano Camilo Gomes de Oliveira	27	4	1	0	32
David da Silva Pereira Coelho	0	0	0	2	2
Domiciano José da Silva	0	0	0	2	2
Donato Gonçalves Martins	1	0	0	4	5
Francisco José Pereira Bastos	21	0	0	22	43
Gomes Freire de Andrade	33	0	0	73	106
João Batista Alves Torres	23	2	1	0	26
João Martins de Carvalho	4	0	0	6	10
Joaquim Maximiano Gomes	1	6	0	4	11
José Caetano Gomes	34	20	0	30	84
José Custódio Pereira Brandão	1	2	0	20	23
José Mendes de Magalhães	0	0	0	2	2
José Pereira Bastos	7	0	0	1	8
Manoel de Lana Starling	2	0	0	7	9
Manoel Gomes Pereira	3	0	0	4	7
Manoel Gonçalves Mol	2	2	0	5	9
Mariano Rodrigues Lopes	0	0	0	2	2
Miguel Lourenço Dias	0	2	0	4	6
Modesto Soares de Azevedo	21	2	0	0	23
Rafael Augusto de Azevedo	2	0	0	6	8
Sebastião Martins Guimarães	2	0	0	1	3
Sebastião Rodrigues Gomes	20	0	0	13	33
Total	283	48	3	232	566

Fonte: ACSM, Inventários *post mortem* do 1º e 2º ofícios.

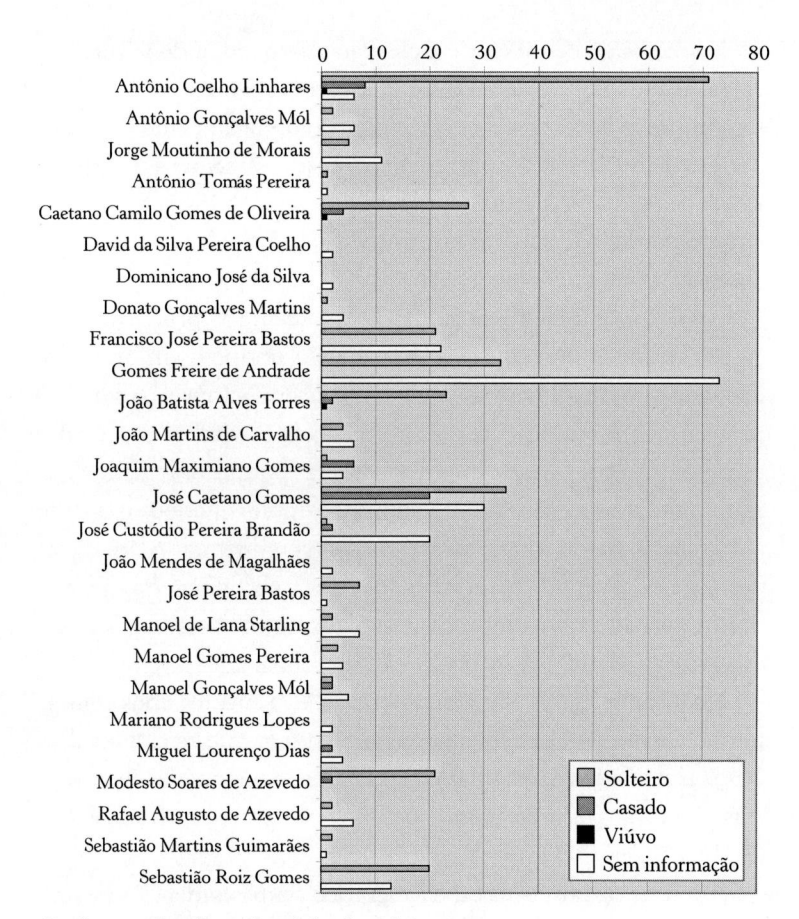

Gráfico 9 – Estado conjugal do plantel escravo

Pelos números apresentados, notamos uma grande cifra de escravos solteiros em relação aos casados. A respeito dos cativos solteiros, encontramos vários registros de mães solteiras, o que permite deduzir um determinado padrão demográfico entre os plantéis. Sobre os escravos casados, deparamos com casos de escravas casadas com libertos, bem como a presença de casais com filhos no mesmo plantel. Evidentemente, a partilha dos escravos entre os herdeiros poderia acarretar o desmembramento dessas famílias.[5]

---

5 A este respeito ver: Faria, 1998, p.289-354; Motta, 1999; Slenes, 1999.

Na mesma tabela e gráfico, constatamos o reduzido número de escravos viúvos. Mas é bastante significativo o número de cativos sem informação a respeito do seu estado conjugal, como podemos perfeitamente destacar, por exemplo, entre os escravos de Gomes Freire de Andrade. De um total de cento e seis cativos, setenta e três simplesmente não tinham informação alguma sobre o seu estado conjugal. Igual dificuldade foi encontrada no tocante às profissões. Escassos foram os inventários que traziam este tipo de informação, de modo que decidimos não trabalhar com esta variável. Adotamos procedimento semelhante com relação à procedência e à cor dos escravos, não por falta de informações, mas porque os registros traziam tanto a procedência (africano, Moçambique, crioulo) quanto à cor (preta, parda, cabra, mista) de forma indistinta. Além disso, destacamos, de modo geral, trabalhos que questionam ou, quando muito, relativizam o emprego desses termos nos estudos sobre a escravidão (Mattos, H., 1998, p.93-104; Lima, 2003).

No tocante à faixa etária dos escravos, não encontramos contratempos maiores. Certamente, havia casos em que os cativos descritos e avaliados não tinham suas idades mencionadas, ocorrências que foram poucas, como podemos comprovar na Tabela 26 e Gráfico 10.

As cifras dispostas na tabela e gráfico acima evidenciam a presença maior de escravos com idades entre 15 e 44 anos, portanto, cativos em idade produtiva. Ademais, pela análise dos preços a eles atribuídos, depreende-se que seus valores figuravam entre os mais elevados, principalmente entre os escravos do sexo masculino (Fragoso; Pitzer, 1988, p.33). Os cativos com idades entre zero e 14 anos aparecem em segundo lugar. Interessante mencionar que muitos destes pequenos escravos, em especial após a aprovação da Lei do Ventre Livre em 1871, eram registrados como ingênuos.

Neste aspecto em particular, a lei de 1871, que considerava como livres os filhos das escravas nascidos após a sua aprovação, seria uma daquelas leis, de acordo com a opinião de Joseli Maria

Tabela 26 – Faixa etária dos escravos

Nome	0-14 anos	15-44 anos	45-59 anos	60 anos ou mais	Sem informação	Total
Antônio Coelho Linhares	34	48	4	0	0	86
Antônio Gonçalves Mol	0	7	1	0	0	8
Antônio Jorge Moutinho de Morais	4	8	1	0	3	16
Antônio Tomás Pereira	1	0	1	0	0	2
Caetano Camilo Gomes de Oliveira	8	17	6	1	0	32
David da Silva Pereira Coelho	0	1	1	0	0	2
Domiciano José da Silva	0	0	0	2	0	2
Donato Gonçalves Martins	1	2	0	0	2	5
Francisco José Pereira Bastos	19	15	8	1	0	43
Gomes Freire de Andrade	27	63	11	5	0	106
João Batista Alves Torres	9	15	2	0	0	26
João Martins de Carvalho	1	6	1	1	1	10
Joaquim Maximiano Gomes	1	3	1	3	3	11
José Caetano Gomes	33	45	2	2	2	84
José Custódio Pereira Brandão	2	10	5	2	4	23
José Mendes de Magalhães	0	1	0	1	0	2
José Pereira Bastos	1	7	0	0	0	8
Manoel de Lana Starling	2	4	2	0	1	9
Manoel Gomes Pereira	2	4	1	0	0	7
Manoel Gonçalves Mol	0	7	1	0	1	9
Mariano Rodrigues Lopes	0	2	0	0	0	2
Miguel Lourenço Dias	0	4	0	2	0	6
Modesto Soares de Azevedo	5	15	3	0	0	23
Rafael Augusto de Azevedo	2	6	0	0	0	8
Sebastião Martins Guimarães	2	1	0	0	0	3
Sebastião Rodrigues Gomes	18	10	5	0	0	33
Total	172	301	56	20	17	566

Fonte: ACSM, Inventários *post mortem* do 1º e 2º ofícios. As variáveis (0-14 anos), (15-44 anos), (45-59anos) e (60 anos ou mais) foram tomadas de empréstimo de Paiva, 1996, p.211.

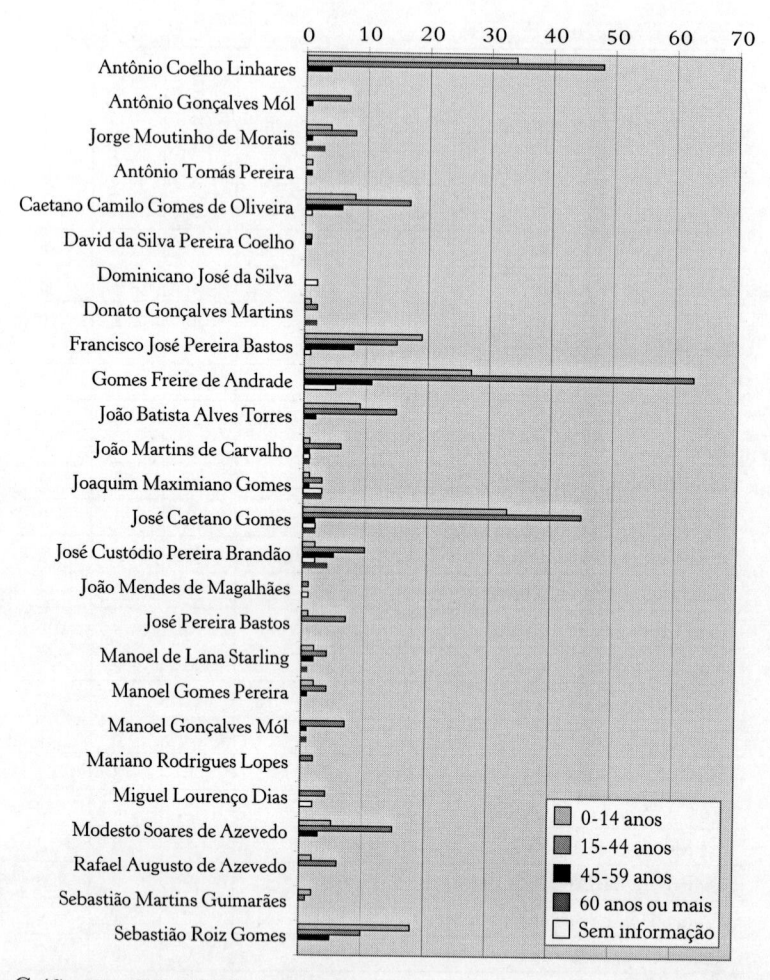

Gráfico 10 – Faixa Etária dos escravos

Nunes Mendonça (1999), destinadas a tratar de forma mais conveniente e branda o processo da abolição, inevitável com o fim do tráfico negreiro em 1850. Nas palavras da própria autora:

> Chamada comumente de "a áurea lei", ela era considerada uma espécie de "roteiro" que, tendo estabelecido os parâmetros pelos quais o processo da abolição seria encaminhado, deveria ser rigoro-

samente seguido para que tal processo respeitasse a própria ordem legal. (Mendonça, 1999, p.97)

Diante do que até agora foi exposto sobre os escravos dos oficiais da Guarda Nacional marianense, podemos indagar: se pelo número médio de cativos podemos chegar ao grau de fortuna do proprietário, haveria uma hierarquização socioeconômica entre os comandantes da corporação civil? Consideramos pertinente a questão, haja vista que, segundo Francisco Eduardo de Andrade (1994, p.215 e ss.), a posse de escravos era um elemento condicionante para a distinção entre dois grupos polares nas regiões compreendidas pelo termo de Mariana, a saber: roceiros e fazendeiros. Para o autor, os primeiros seriam não-proprietários ou pequenos ou médios proprietários na ordem de um a dez cativos, e os segundos seriam detentores de plantéis acima desse número.

Mas é forçoso reconhecer que Andrade trata do município de Mariana na primeira metade do século XIX e, além disso, salientamos que nem todos os oficiais da guarda identificados nos inventários se ocupavam única e exclusivamente de atividades rurais. Entretanto, consideramos viável estender as categorias analíticas de Eduardo Andrade para a segunda metade dos oitocentos, em função do caráter escravista da região em estudo, por sinal, a mesma abordada tanto pelo seu trabalho quanto pelo nosso. Ademais, no que diz respeito ao oficialato da milícia, conforme já tivemos a oportunidade de comprovar, a grande maioria dos comandantes civis exercia atividades agrícolas. Nesse aspecto em particular, não podemos esquecer a complexidade em torno do rural e do urbano nas Gerais oitocentistas (Cunha, 2007).

Andréa Lisly Gonçalves (2008, p.110) nos lembra que se a ocupação não é um dado que podemos classificar com rigor, a posse e o número de escravos é uma variável que, ao contrário, torna mais seguro o estabelecimento de critérios relacionados à riqueza dos senhores escravistas mineiros.

À luz dessas considerações, elaboramos a Tabela 27.

Tabela 27 – Classificação dos oficiais da Guarda Nacional quanto à posse de escravos

Nome	N. de escravos	Classificação quanto à posse	
		Roceiro	Fazendeiro
Antônio Coelho Linhares	86		X
Antônio de Paulo Pinto	–	X	
Antônio Gonçalves Mol	8	X	
Antônio Jorge Moutinho de Morais	16		X
Antônio José de Carvalho	5	X	
Antônio Raimundo de Souza Mendes	–	X	
Antônio Tomás Pereira	2	X	
Caetano Camilo Gomes de Oliveira	32		X
Cândido Justiniano Gomes	–	X	
David da Silva Pereira Coelho	2	X	
Domiciano José da Silva	2	X	
Donato Gonçalves Martins	5	X	
Elias Augusto do Carmo	–	X	
Felício Pereira de Almeida	–	X	
Francisco de Paula Dias Bicalho*	–	X	
Francisco José da Fraga	10	X	
Francisco José Pereira Bastos	43		X
Gomes Freire de Andrade	106		X
João Batista Alves Torres	26		X
João Martins de Carvalho	10	X	
João Paulo da Silva Costa	–	X	
Joaquim Antônio Sobreira	–	X	
Joaquim Maximiano Gomes	11		X
José Caetano Gomes	84		X
José Custódio Pereira Brandão	23		X
José Francisco da Silva	–	X	
José Mendes de Magalhães	2	X	
José Moreira da Silva	3	X	
José Pereira Bastos	8	X	
Manoel de Lana Starling	9	X	
Manoel Gomes Pereira	7	X	

Continua

Tabela 27 – *Continuação*

Manoel Gonçalves Mol	9	X	
Mariano Rodrigues Lopes	2	X	
Miguel Lourenço Dias	6	X	
Modesto Soares de Azevedo	23		X
Pedro de Alcântara Costa	2	X	
Rafael Augusto de Azevedo	8	X	
Sebastião Martins Guimarães	3	X	
Sebastião Rodrigues Gomes	33		X
Vicente de Paula Bernardino**	–	X	
Vicente Ferreira de Andrade	–	X	
Total	586	30	11

Fonte: ACSM, Inventários *post mortem* do 1º e 2º ofícios.

*O levantamento dos escravos foi feito com base no inventário de sua esposa, haja vista não termos encontrado o seu inventário propriamente dito.

** O oficial em questão possuía dois escravos, porém eles foram alforriados em testamento, motivo pelo qual a tabela não registra a sua posse.

Antes de comentarmos os dados propriamente ditos, convém esclarecer que incluímos na tabela acima os inventários inicialmente descartados. Desta feita, desconsideramos somente aqueles cinco inventários cujos oficiais faleceram após a abolição da escravidão.[6]

Pelos dados obtidos, percebemos que o número de oficiais roceiros é amplamente maior em relação aos dos chefes fazendeiros. Entre os primeiros constatamos que onze não eram proprietários de escravos. Essa cifra, por sinal, despertou-nos bastante a atenção, haja vista que a região em foco possuía uma grande concentração de cativos. Entretanto, para Clotilde Paiva (1996, p.103), "em Minas havia um predomínio absoluto de fogos sem escravos".

---

6 Os inventários *post mortem* citados são os dos oficiais Antônio Gonçalves Carneiro, Antônio José da Costa Pereira, Domingos Gomes Eleutério, Francisco José da Silva Ramos e Luiz Augusto de Albergaria, respectivamente alferes da 1a companhia do 9o batalhão da reserva, tenente quartel-mestre do estado--maior do 9o batalhão da reserva, alferes da 4a companhia do 60o batalhão, coronel-comandante superior e alferes porta-bandeira do estado-maior do 60o batalhão. APM, SG113, caixa 263.

Desse modo, examinamos com mais vagar o tamanho dos plantéis dos oficiais da Guarda Nacional marianense, discriminando os não proprietários, os pequenos proprietários na ordem de um a três cativos, os médios de quatro a dez, os grandes de onze a 49, e os abastados, com mais de cinquenta escravos (ibidem, p.211).[7]

O resultado agregado deste exame pode ser visualizado na Tabela 28:

Tabela 28 – Tamanho dos plantéis escravos dos oficiais da Guarda Nacional

Tamanho dos Plantéis	Total de Oficiais	%	Total de Escravos	%
Não proprietários	11	26,83	0	0
Pequenos	8	19,51	18	3,07
Médios	11	26,83	85	14,51
Grandes	8	19,51	207	35,32
Muito grandes	3	7,32	276	47,10
Total	41	100	586	100

Fonte: *ACSM*, Inventários *post mortem* do 1º e 2º ofícios.

De imediato, chamou-nos a atenção que exatamente 26,83% dos oficiais são médios proprietários e igualmente não proprietários de cativos. E que os pequenos e grandes proprietários perfazem juntos 19,51% do total dos plantéis. Consequentemente, vê-se um marcante equilíbrio entre os oficiais não proprietários e médios proprietários e entre pequenos e grandes senhores escravistas. No entanto, é bom lembrar que os grandes plantéis concentravam quase 50% dos escravos, ao passo que os menores possuíam apenas 3,07%.

Este é um dado interessante, pois, segundo Paiva, prevaleciam, na maioria dos fogos mineiros, os pequenos proprietários de cativos. Ademais, convém observar que os 7,32% que representam os oficiais mais abastados, confirmam as afirmações da autora de que

---

7 Convém destacar que a autora não trabalhou com a variável "não proprietários". Obviamente, essa foi uma adaptação que fizemos entre as variáveis estabelecidas pela autora.

nas Minas oitocentistas o número de grandes plantéis era bastante reduzido (ibidem, p.103).

Pelo exposto, podemos perfeitamente afirmar que a posse e o número de cativos – isto é, a detenção de uma certa parcela de riqueza material – não se configurava como condição *sine qua non* para ser oficial da Guarda Nacional. Igual constatação podemos encontrar nas considerações de Jeanne Berrance de Castro e Fernando Uricoechea a respeito da relação entre o status social e a hierarquia do oficialato da Guarda Nacional.

Jeanne Berrance de Castro (1977, p.159) afirma que a hierarquia dos oficiais da milícia, embora estivesse atrelada a critérios econômicos, não era garantia de uma posição melhor do miliciano no quadro dos oficiais. A autora assevera ainda que, na província de São Paulo, nas relações das propostas para comandantes da guarda, raramente a melhor renda era condição para o candidato a oficial colocar-se melhor entre os demais.

Igualmente Uricoechea (1978, p.213) preceitua que a seleção de um miliciano a oficial ou a promoção de um oficial não era feita apenas com base em critérios econômicos. Outros critérios eram levados em consideração como inteligência, aptidão, experiência e zelo. Houve ainda casos, segundo o autor, de que a nomeação de um oficial era feita com base na antiguidade, desempenho ou mérito em detrimento do status social.

Exemplo do que foi dito, o autor ilustra por meio de um ofício pelo qual um comandante da Guarda Nacional da província do Rio de Janeiro recomenda ao presidente desta, que o posto de major, disputado por dois capitães de igual merecimento e tempo de serviço, seja apesar de um deles ser mais rico, dado para o oficial de maior competência militar:

Para preencher a vaga de Major tenho a honra de informar a V. Exa. que, sendo os dois capitães mais antigos do Batalhão, João... e Antônio José..., ambos são da mesma antiguidade, do mesmo mérito e capacidade; mas, *conquanto o primeiro seja mais abastado*, todavia, o segundo melhor pode desempenhar o lugar de Major, *em razão de ser dotado de mais propensão militar;* sem embargo do que V. Exa. mandará o que julgar justo...[8]

Com essas considerações em mente e retomando nossa análise sobre os oficiais da Guarda Nacional marianense, convém tecer algumas questões, qual a relação entre a patente e a posse de escravos? Conforme foi demonstrado, os pequenos e os não proprietários, apesar de constituírem maioria, ocupariam postos hierarquicamente inferiores aos dos grandes proprietários?

Com estas questões em mente, vejamos a Tabela 29, a seguir. Comparando-se a posse dos escravos com as patentes, encontramos alguns casos interessantes. O primeiro deles diz respeito ao oficial Gomes Freire de Andrade, por sinal, o maior proprietário de escravos entre os presentes na tabela. Freire de Andrade era filho do coronel Francisco de Paula Freire de Andrade, um dos partícipes da Inconfidência Mineira. Por meio do decreto de 15 de novembro de 1846, foi agraciado com o título de barão de Itabira. Além de barão, Gomes Freire de Andrade foi também comendador da Imperial Ordem de Cristo e cavaleiro da Imperial Ordem do Cruzeiro. Foi casado com Francisca de Sá e Castro, baronesa de Itabira, com quem teve nove filhos. Uma de suas filhas, Francisca de Paula Freire de Andrade, foi casada com o conselheiro, senador do Império e presidente da província de Minas Gerais, Herculano Ferreira Pena.[9]

Na Guarda Nacional, como podemos observar na tabela, o barão de Itabira foi nomeado capitão da 2ª companhia do 9º batalhão da reserva. Evidentemente, a nomeação como oficial da reserva ocorreu em função das suas credenciais e relações políticas e parentais. Afinal, Freire de Andrade era irmão da marquesa do Bomfim, Francisca Freire de Andrade (ibidem).

---

8 Arquivo da Biblioteca Pública do Estado do Rio de Janeiro, [Guarda Nacional: 7a legião, 1839], ofício do coronel-chefe ao presidente da província em 12/02/1839 (apud Uricoechea, 1978, p.215-6, grifos do autor).

9 Biografia de Gomes Freire de Andrade, disponível em: <http://www.genealogiafreire.com.br/b_gomes_freire_de_andrade.htm>. Acesso em: 30/6/2008.

Tabela 29 – Relação entre a posse de cativos e a patente dos oficiais da Guarda Nacional

Nome	N. de Escravos	Classificação quanto à Posse		Patente
		R	F	
Antônio Coelho Linhares	86		X	Tenente da 6ª companhia do 61º batalhão
António de Paulo Pinto	–	X		Tenente da 3ª companhia do 60º batalhão
António Gonçalves Mol	8	X		Tenente quartel-mestre do Estado-maior do 61º batalhão
António Jorge Moutinho de Morais	16		X	Tenente-coronel do Estado-maior do 59º batalhão
António José de Carvalho	5	X		Alferes da 4ª companhia do 61º batalhão
António Raimundo de Souza Mendes	–	X		Tenente da 3ª companhia do 59º batalhão
António Tomás Pereira	2	X		Capitão da 4ª companhia do 61º batalhão
Caetano Camilo Gomes de Oliveira	32		X	Capitão da 2ª companhia do 61º batalhão
Cândido Justiniano Gomes	–	X		Alferes da 2ª companhia do 61º batalhão
David da Silva Pereira Coelho	2	X		Tenente da 5ª companhia do 59º batalhão
Domiciano José da Silva	2	X		Capitão da 6ª companhia do 9º batalhão da reserva
Donato Gonçalves Martins	5	X		Tenente da 3ª companhia do 60º batalhão
Elias Augusto do Carmo	–	X		Alferes da 2ª companhia do 59º batalhão
Felício Pereira de Almeida	–	X		Tenente quartel-mestre do Estado-maior do 59º batalhão
Francisco de Paula Dias Bicalho	–	X		Capitão da 2ª companhia do 59º batalhão
Francisco José da Fraga	10	X		Alferes porta-bandeira, Estado-maior do 61º batalhão
Francisco José Pereira Bastos	43		X	Capitão da 2ª companhia do 60º batalhão
Gomes Freire de Andrade	106		X	Capitão da 2ª companhia do 9º batalhão da reserva
João Batista Alves Torres	26		X	Capitão da 5ª companhia do 61º batalhão
João Martins de Carvalho	10	X		Capitão da 2ª companhia do 59º batalhão

Continua

Tabela 29 – *Continuação*

Nome	nº	R	F	Descrição
João Paulo da Silva Costa	–	X		Capitão cirurgião-mor do Estado-maior do Comando Superior
Joaquim Antônio Sobreira	11	X		Alferes da 4ª companhia do 61º batalhão
Joaquim Maximiano Gomes			X	Capitão da 6ª companhia do 62º batalhão
José Caetano Gomes	84		X	Tenente da 3ª companhia do 9º batalhão da reserva
José Custódio Pereira Brandão	23		X	Tenente-coronel do Estado-maior do 9º batalhão da reserva
José Francisco da Silva	–	X		Tenente da 4ª companhia do 59º batalhão
José Mendes de Magalhães	2	X		Capitão da 6ª companhia do 61º batalhão
José Moreira da Silva	3	X		Alferes da 1ª companhia do 62º batalhão
José Pereira Bastos	8	X		Tenente da 2ª companhia do 60º batalhão
Manoel de Lana Starling	9	X		Tenente-coronel do Estado-maior do 59º batalhão
Manoel Gomes Pereira	7	X		Capitão da 1ª companhia do 60º batalhão
Manoel Gonçalves Mol	9	X		Capitão quartel-mestre do Estado-maior do Comando Superior
Mariano Rodrigues Lopes	2	X		Tenente da 1ª companhia do 9º batalhão
Miguel Lourenço Dias	6	X		Capitão da 4ª companhia do 9º batalhão da reserva
Modesto Soares de Azevedo	23		X	Alferes da 6ª companhia do 61º batalhão
Pedro de Alcântara Costa	2	X		Tenente-coronel do Estado-maior do 59º batalhão
Rafael Augusto de Azevedo	8	X		Alferes da 5ª companhia do 61º batalhão
Sebastião Martins Guimarães	3	X		Tenente da 2ª companhia do 9º batalhão
Sebastião Rodrigues Gomes	33		X	Alferes da 1ª companhia do 61º batalhão
Vicente de Paula Bernardino	–	X		Capitão da 4ª companhia do 59º batalhão
Vicente Ferreira de Andrade	–	X		Alferes da 2ª companhia do 59º batalhão

R= Roceiro e F= Fazendeiro

Fonte: ACSM, inventários *post mortem* do 1º e 2º ofícios e *APM*, SG'13, 263.

Afora o caso do barão, há outros que merecem destaque, principalmente aqueles nos quais há oficiais não proprietários ou pequenos proprietários de escravos detentores, por exemplo, de postos de comando no estado-maior. É o que podemos observar nos casos de Felício Pereira de Almeida, João Paulo da Silva Costa, Manoel Gonçalves Mol e Pedro de Alcântara Costa. O primeiro e o quarto, respectivamente, tenente-quartel-mestre e tenente-coronel do estado-maior do 59º batalhão, e o segundo e o terceiro, capitão-cirurgião-mor e capitão-quartel-mestre do estado-maior do comando superior.[10] Há ainda dois casos bastante curiosos. Trata-se dos oficiais Rafael Augusto de Azevedo e Vicente de Paula Bernardino, respectivamente, alferes da 5ª companhia do 61º batalhão e capitão da 4ª companhia do 59º batalhão. Ambos, uma vez falecidos e inventariados os seus pertences, tiveram literalmente todos os seus bens leiloados em praça pública. O motivo? Pagamento de dívidas, como demonstram as petições abaixo:

[...] José Pacífico de Azevedo, herdeiro e inventariante dos bens de Rafael Augusto de Azevedo, por ele me foi dito que pelo presente termo [...] e como procurador bastante dos seus cunhados [...] e também como procurador da sua mulher [...] e suas irmãs [...], desistiram da herança do seu finado pai e sogro [...], visto que os bens descritos não chegam para solução das dívidas. (ASCM, códice, 64, auto 1.429, 2º ofício)

Diz Dona Francisca Maria de Jesus, inventariante dos bens deixados pelo falecido capitão Vicente de Paula Bernardino, que havendo-se concluído e inventariado [os] mesmos bens e não havendo dinheiro no espólio para pagamento das muitas dívidas

---

10 A título de curiosidade, tanto o estado-maior do comando superior quanto o do 59o batalhão tinham como locais de parada a cidade de Mariana. Para maiores detalhes cf. APM, SG113, caixa 263.

que já se acham reconhecidas pelos interessados, por isso vem [...] requerer a V. S.ª se sirva mandar por em praça pública todos os bens do mesmo finado quer móveis, quer de raiz, afim de que com o produto dos mesmos sejam pagos todos os credores habilitados. (ASCM, códice 125, auto 2.632, 1º ofício)

No que diz respeito ao oficial Bernardino, convém destacar que ele possuía um grande volume de livros. Afinal, era advogado e sua biblioteca foi inventariada em 327 itens, dentre códigos e jurisprudências, com um valor total de um conto e mil réis. Valor equivalente a um escravo em idade produtiva, a julgar pelo preço médio dos cativos consultados nos inventários (ibidem).

Entretanto, pelo que foi exposto, torna-se evidente, mais uma vez, que ser oficial da Guarda Nacional não dependia exclusivamente da condição econômica do miliciano civil. De fato, na concepção de Norbert Elias (2001, p.138):

[...] as relações, a importância e sobretudo a ascensão do indivíduo dentro do próprio grupo central não são determinadas primordialmente a partir do nível social, válido até então para a esfera de poder mais ampla, nem por meio da aura que o homem singular obtém daí, mas sim por determinadas qualidades individuais que correspondem à tarefa e à situação específicas do grupo central. A posse de qualidades, assim, também é decisiva para a escolha do próprio soberano ou líder.

Neste sentido, conforme vimos discutindo ao longo deste trabalho, "determinadas qualidades individuais" eram levadas em consideração no momento da nomeação ao oficialato. Qualidades que demonstrassem que o oficial da Guarda Nacional possuía excepcionalidade e êxito pessoal, bem como poder de barganhar e aliciar favores.[11] É importante fazermos esse tipo de afirmação,

---

11 Gostaríamos de destacar que ao enfatizamos a detenção de qualidades individuais para a obtenção do posto de oficial da Guarda Nacional, não estamos

porque a forma de poder a que nos referimos enquadra-se naquela modalidade descrita por Max Weber como carismática. Nas palavras do próprio Weber (1982, p.285):

O carisma pode ser, e decerto regularmente é, qualitativamente particularizado. Trata-se mais de uma questão interna do que externa, e resulta na barreira qualitativa da missão e poder do portador do carisma. Em sentido e conteúdo, a missão pode estar dirigida a um grupo de homens que são delimitados localmente, etnicamente, socialmente, politicamente, ocupacionalmente ou de alguma outra forma. Se a missão dirige-se assim a um grupo limitado de homens, como é comum, encontra seus limites dentro desse círculo.

Nos termos em que conduzimos a análise, podemos enquadrar os oficiais da Guarda Nacional no "grupo limitado de homens" que, por excelência, "são delimitados localmente, [...] ou de alguma outra forma", em função de suas qualidades consideradas assaz próprias ao desempenho da "missão". Mas que missão seria esta? A missão a ser desempenhada pelo oficialato da milícia seria, a nosso ver, manter a ordem e, acima de tudo, defender a Constituição, a Monarquia e o imperador, tal como explicitava a legislação da guarda (CLIB, Lei de 18 de agosto de 1831 e n. 602, de 19 de setembro de 1850). Isto, evidentemente, na razão direta dos interesses dos chefes civis, os quais eram recompensados por meio da concessão de dádivas, honras e mercês, mediante, é claro, um intenso processo de negociação e conciliação (Mendes, 1997, p.150).

---

desconsiderando de todo a capacidade de aliciamento de favores e/ou práticas clientelistas entre chefes e subordinados da milícia. Ao contrário, julgamos crível nossa assertiva na medida em que, segundo Maria Sylvia de Carvalho Franco (1997, p.237), a sociedade brasileira do século XIX esteve longe de se constituir enquanto uma sociedade de classes em função da presença da escravidão e, igualmente, do poder pessoal. Desse modo, de acordo com a autora, a relação entre proprietários e não proprietários na sociedade oitocentista brasileira não chegaram a assumir propriamente dito o caráter de relações de troca.

Desse modo, as tensões e os conflitos próprios desse tipo de liderança e dominação deveriam ser, no mínimo, atenuados "pela posse de qualidades" do líder. Este deveria ainda produzir um elo entre os interesses os mais diversos, de modo que a ação de cada um dos seus seguidores funcionasse como um prolongamento da sua própria ação e determinação, numa relação pessoal e direta de poder (Elias, 2001, p.137).

Com efeito, julgamos correto afirmar que o oficial civil configurava-se como um líder carismático, uma vez que não comandava seus subordinados apenas por comandar, mas porque os convencia de que era a encarnação viva da companhia ou batalhão, um chefe, portanto, portador natural de autoridade e de liderança (ibidem, p.139). Uma possível prova do que foi dito são as referências atribuídas ao oficial Francisco José da Silva Ramos, a respeito dos seus serviços desempenhados na Guarda Nacional marianense:

> [...] até o presente tem sempre cumprido os seus deveres com dedicação e zelo. Em 1842 *prestou-se até com sacrifícios* ao restabelecimento da ordem pública. Goza perfeita saúde e está pronto para todo serviço, estando incluído na lista do serviço ativo. (APM, SP, PP116, caixa 56, 23/2/1852, grifo do autor)

Vale observar que o desempenho dos "deveres com dedicação e zelo" condiz, de certa forma, com a ação do líder carismático. Isso porque o êxito deste reside no controle, "com sacrifícios", de situações imprevisíveis que legitimam seu poder como carismático aos olhos dos seus comandados, e estes, por sua vez, nutrem a convicção de que o chefe, em todas as circunstâncias, estará "pronto para todo serviço". Além disso, há a certeza de que o líder adota a medida e a direção corretas em meio às divergências e conflitos de interesses (Elias, 2001, p.140).

Todavia, é forçoso admitir que o líder carismático mantém sua autoridade enquanto prova a força de seu carisma, haja vista que ela se revelava ser extremamente instável, podendo, inclusive, ser perdida a qualquer momento (Weber, 1982, p.287). Entretanto, a julgar pelos feitos do oficial Silva Ramos no "restabelecimento da ordem pública", podemos deduzir que eles foram requisitos importantes e, eventualmente, determinantes para a sua posterior nomeação como coronel-comandante superior do estado-maior da milícia civil.[12] Diante das considerações até agora esboçadas a respeito dos oficiais da Guarda Nacional marianense, convém narrarmos o caso particular de um oficial, tendo em vista que ele foi réu de um processo-crime que nos chamou bastante a atenção. Escolhemos reconstituir os eventos em torno desse processo porque, de acordo com Carlo Ginzburg (1987, p.24-5), a recomposição de dados biográficos individuais, que não despertariam a atenção de ninguém podem, ao contrário, torná-los representativos de toda uma camada social ao longo de um específico período histórico.

Claro está que reconstituiremos apenas alguns elementos da vida do oficial em foco, especialmente referências a uma documentação específica sobre a violência, os processos-crime. Sem dúvida, seria interessante traçar sua biografia, porém este não é o propósito do presente estudo.

Trata-se também de devassar, em se tratando de um processo--crime, a violência, já que ela, concordando com Franco (1997, p.27), atravessava toda a organização social, até mesmo os setores menos regulamentados do cotidiano, reproduzindo-se, inclusive, nos valores fundamentais da cultura.

Antes, porém, um esclarecimento. Diante da análise proposta, gostaríamos de salientar que adotaremos aqui o mesmo procedimento utilizado por ocasião de nossa dissertação de mestrado. Evidentemente, de acordo com o que dissemos na introdução deste trabalho, "com lentes mais poderosas" (Saldanha, 2006, p.133 e ss.).

Dessa feita, a partir das evidências coletadas no processo, seria o comandante em questão um típico oficial da Guarda Nacional,

---

12 O oficial em questão foi nomeado coronel comandante superior da Guarda Nacional de Mariana em setembro de 1868, sendo que em novembro do mesmo ano prestou juramento e posse. APM, SG113, caixa 263.

representativo, por assim dizer, de todo um estrato social do oficia-lato da milícia?

Cremos que não, pois o próprio Menocchio, analisado por Ginzburg, não era um típico camponês das montanhas italianas da região de Friuli. Portanto, assim como Menocchio, arriscamos dizer que o nosso comandante em foco era um homem, no mínimo, diferente dos demais. Mas uma diferença com limites bem precisos, no sentido de que a cultura particular do tempo e da classe não se exclui, a não ser para entrar nas instâncias do delírio e da falta de comunicação. Tal como a língua, segundo nos diz Ginzburg (1987, p.25), "a cultura oferece ao indivíduo um horizonte de possibilidades latentes – uma jaula flexível e invisível dentro da qual se exercita a liberdade condicionada de cada um".

De acordo ainda com o mesmo autor, um caso-limite pode ser representativo tanto negativa quanto positivamente. Isto porque, na primeira acepção, ajuda a precisar melhor aquilo que entendemos por "estatisticamente mais frequente". Na segunda, permite delimitar possibilidades ocultas de algo, por exemplo, a cultura popular, que nos chega por meio de fragmentos dispersos de documentos provenientes, na sua grande maioria, de "arquivos da repressão" (ibidem, p.25).

Com essas considerações em mente, convém indagar: Qual era, ou melhor dizendo, em que consistia a singularidade do oficial da Guarda Nacional marianense em foco?

Estudo de um caso particular

O caso a ser reconstituído é o do capitão da Guarda Nacional, Vicente de Paula Bernardino, a partir de um processo-crime consultado no Arquivo da Casa Setecentista de Mariana (ACSM, códice 231, auto 5.780, 2º ofício).

O capitão Bernardino foi réu de um processo que teve início no final de 1864, mesmo período em que o Império brasileiro entrava em guerra contra a República do Paraguai, com um sentimento generalizado de que o conflito logo acabaria. Enquanto a guerra na região platina ocupava a atenção e a mente dos dirigentes do Paço, bem como da opinião pública, eis que na cidade de Mariana, em especial na rua Ponte de Areia (atual prolongamento da rua Direita), ocorreu um grande tumulto, que atraiu a atenção dos transeuntes e dos curiosos para a casa do oficial. Nela encontravam-se o juiz municipal, o próprio Bernardino, uma mulher e o autor do processo, o qual alegaria, entre outros fatos, que:

> Diz o capitão Francisco José de Almeida Machado, casado a face da Igreja com D. Maria Felisbina de São Vicente, que vivendo manso e pacífico com esta, acontece que o advogado [e] curador dos órfãos, Vicente de Paula Bernardino, sequestrou, solicitou e seduziu a mulher do suplicado conseguindo separá-los e vive com ela teúda e manteúda em afronta a honra e dignidade [deste] e em menoscabo ao público e as leis. Um procedimento desta ordem praticado por um homem, que infelizmente ocupa os cargos de curador-geral de órfãos, de capitão da Guarda Nacional e de guarda-mor de terras, combinado com os fatos que passa [...] a narrar, há de convencer a V. Ex.ª de que o curador geral de órfãos do município de Mariana, Vicente de Paula Bernardino, é incontinente e criminoso e como tal não pode continuar a exercer os cargos que de presente ocupa pelo menos nossas leis olvidam. (ibidem)

Pela exposição acima, pode-se deduzir que se trata de um caso de adultério em que o capitão Almeida Machado afirma que o capitão Vicente Bernardino "sequestrou, solicitou e seduziu a [sua] mulher", com a qual era "casado a face da Igreja" e vivia "manso e pacífico com esta". Além disso, depreende-se que tanto o réu quanto o autor do processo são capitães. Seriam, porventura, do mesmo batalhão da Guarda Nacional? Infelizmente não podemos fazer esta suposição, pois não encontramos referências concretas a respeito do capitão Francisco Machado, ao contrário do oficial Paula Bernardino, o qual foi capitão da 4ª companhia do 59º batalhão.[13] Outro

---

13 Ver Tabela 29.

dado interessante a ser destacado no documento é que Bernardino, além de ser oficial da guarda, era também advogado, curador-geral dos órfãos e guarda-mor de terras do município de Mariana. Entretanto, para o capitão Machado, os cargos exercidos por aquele que vivia com sua mulher, "teúda e manteúda", não apenas feria a sua "honra e dignidade", mas igualmente "ao público e as leis". Isto porque o acusado "é incontinente e criminoso e como tal não pode continuar a exercer os cargos que de presente ocupa". Mas por qual razão?

O próprio Francisco Machado descreve a sua acusação:

> É horrenda a história dos fatos praticados pelo [...] curador geral; pois é ele quem advoga quase todas as causas que no município de Mariana se agitam contra seus curados, é ele o comprador, se bem que a lei o proíba, dos bens dos órfãos; e tanto assim é que a casa em que reside [...] é de órfãos, e foi com escárnio da justiça arrematada [...]. [Há] prova também [de] desmandos e desregramentos desse empregado que já chegou a ser suspenso do emprego de curador [...]. Não há muito tempo que o Jornal do Comércio publicou uma correspondência, onde se dizia que o suplicado era de péssima conduta; e sendo ele casado e tendo abandonado sua pobre e infeliz mulher, tendo tornado-se o verdugo dos órfãos de quem devia ser pai, tendo ultimamente aliciado e seduzido minha mulher, com quem estava eu em verdadeira paz e esta visto que é criminoso e incontinente e como tal é por nossas leis incapaz de continuar a exercer [os] cargos públicos. (ACSM, códice 231, auto 5.780, 2º ofício, op. cit.)

De certa maneira, o processo movido por Almeida Machado procurava atingir Vicente Bernardino de duas formas, a saber: pessoal e pública. A primeira, no sentido de que o advogado e curador-geral de órfãos não era um bom pai de família, visto que "sendo ele casado", abandonou "sua pobre e infeliz mulher", além de ser "o verdugo dos órfãos de quem devia ser pai". A segunda diz respeito à sua "péssima conduta" como funcionário público, a qual lhe valeu a suspensão "do emprego de curador". Se não bastasse isso, Bernardino teria cometido um delito mais grave, pois, na qualidade de curador de órfãos, comprou a casa de um deles com evidente "escárnio da justiça".

Porém, apesar dos "desmandos e desregramentos", o "criminoso e incontinente" Vicente Bernardino ultrajou o capitão Almeida Machado naquilo que lhe era mais sagrado, como este relata a seguir:

O suplicante vendo-se ultrajado no que há de mais sagrado para aquele que se presa – *a honra* – vem perante V. Ex.ª procurar abrigo, pedir reparação da afronta que o curador geral de órfãos de Mariana está fazendo do suplicante, ao público e as nossas leis, cuja reparação deve ser feita com a punição que marca [as] nossas leis para os que procedem desta forma. (ibidem, grifo do autor)

De fato, a questão da honra é um elemento assaz importante, que não podemos deixar de levar em consideração. O tema da honra traz à baila um dado salutar: a autoconcepção de homens altivos. Uma autoconcepção que envolve não apenas a virtude e o pudor, mas igualmente uma preocupação em constituir e manter uma reputação de valentia, não somente para si próprio, mas para a sociedade como um todo. No entanto, vale destacar que a retratação da honra ofendida, o ultraje "no que há de mais sagrado", não se fez, a exemplo dos casos analisados por Franco, por meios violentos, antes disso, a "reparação deve ser feita com a punição que marca [as] nossas leis para os que procedem desta forma" (Franco, 1997, p.54-5).

Em todo caso, podemos observar um procedimento, aliás, já apontado por Maria Sylvia de Carvalho Franco (ibidem, p.28), pelo qual uma das partes ofendidas procura desmoralizar ou, ao menos, eliminar a outra em um jogo de interesses com objetivos claramente comuns e primários. Esse jogo, por sinal, fica bastante evidente na resposta dada, em agosto de 1865 por Bernardino, perante as acusações que lhe foram imputadas pelo capitão Machado:

Em observância aos respeitáveis despachos [...] na denúncia que contra mim deu o capitão Francisco José de Almeida Machado, meu inimigo, imputando-se atos criminosos, que diz [que] pratiquei, na qualidade de curador geral dos órfãos deste município, passo a responder a matéria da acusação. Antes de entrar, em sua apreciação, seja-me permitido observar que o denunciante não foi guiado pelo amor da justiça, mas por paixões ruins e de má fé. Prestando-se, como mencionado, *a dois inimigos vivos, entendeu poder aniquilar-me; embora com falsas acusações e [como] não consiga desacreditar-me, pintando-me [...] com as mais negras cores para desta arte ver se consegue suplantar-me ou deslocar-me de posição que felizmente ocupo na sociedade.* Muito pode [se esperar] de um inimigo gratuito, [ainda mais] rancoroso, vingativo e mesquinho! Quando a denúncia li, não me surpreendeu a linguagem virulenta contra mim empregada! (ACSM, códice 231, auto 5.780, 2º ofício, op. cit., grifo do autor)

A fala do curador-geral de órfãos deixa transparecer um dado de grande importância: ele e o capitão Francisco Machado foram "inimigos vivos".[14] Sendo assim, a denúncia movida por este não se fundamentou, em momento algum, "pelo amor da justiça", ao contrário, "por paixões ruins e de má fé", próprias "de um inimigo gratuito, [ainda mais] rancoroso, vingativo e mesquinho" (ACSM, códice 231, auto 5.780, 2º ofício, op. cit.)!

Desse modo, convém indagar qual seria o real motivo da inimizade entre os dois capitães. Por qual razão, nas palavras de Bernardino, o capitão Almeida Machado "entendeu poder aniquilar-me [...]; pintando-me [...] com as mais negras cores para desta arte ver se consegue suplantar-me ou deslocar-me de posição que felizmente ocupo na sociedade" (ibidem)?

---

14 Interessante destacar que o processo pelo qual Menocchio foi julgado e condenado teve início a partir das denúncias feitas por um desafeto seu, dom Odorico Vorai, pároco de Montereale. Para mais detalhes cf. Ginzburg, 1987, p.41.

Nesse aspecto em particular, o advogado e curador de órfãos não aponta as causas da desavença com Machado, antes se preocupa mais em se defender das suas acusações com um esmero e uma eloquência típicos de um bacharel em direito:

> Dos documentos oferecidos pelo denunciante não tem préstimo, não tem valor jurídico para servirem de prova, por serem dolosas, não representam a verdade dos fatos e sim a falsidade da acusação que se me faz. Documentos mutilados, capciosos e simulados, não se prestam a provar fatos, [...] com o único intuito de se me acusar. A falsidade, porém, não se pode perpetuar! A maldade e perversidade não ganham terreno: a verdade e a justiça triunfam sempre.(ibidem)

Como "a verdade e a justiça triunfam sempre", Bernardino alegou em sua defesa que não comprou bens de órfãos quando era curador deles. Ademais, a casa que adquiriu não pertencia propriamente a órfãos, visto que:

> Mandando o denunciante ter os autos de inventário de D. Rosa Maria de Sene só pediu por certidão em relatório se o respondente arrematou as partes da casa em que reside. Não se animou, [porém], a pedir por certidão se o respondente oficiou como curador. Ainda não foi verídico o denunciante quando denominou de órfãos os herdeiros de D. Rosa Maria de Sene. Três desses herdeiros são menores e não órfãos, por existirem seus pais. Falecendo D. Rosa Maria de Sene instituiu por seus herdeiros, [voluntariamente], os filhos de Cândido Inocêncio Pereira e sua mulher D. Carlota. [...] não existindo no acervo inventariado numerário para pagamento de dívidas e cumprimento [das demandas] orçamentárias, foram levados a hasta pública [os] bens, só ficando reservada uma morada de casa arruinada, avaliada em um conto de réis. Esta casa, portanto, ficou pertencendo aos cinco herdeiros instituídos, dois maiores e três menores, e ainda sujeita ao pagamento de alimentos, vestuário, fornecido aos herdeiros menores pelo testamenteiro, segundo dis-

posição da inventariada. Os dois herdeiros maiores, tendo-se de retirar desta cidade [Mariana], venderam-me duas partes da casa pela quantia de quatrocentos mil réis [...]. (ibidem)

Pelo trecho acima transcrito, é interessante observar o modo como Vicente Bernardino desconstrói a acusação da compra da casa dos órfãos, primeiro por questionar se "o respondente oficiou como curador", e segundo por desqualificar a afirmação do capitão Francisco Machado de que "não foi verídico o denunciante quando denominou de órfãos os herdeiros de D. Rosa Maria de Sene" (ibidem).

Bernardino provou que não comprou a casa de órfãos, uma vez que seus pais eram vivos. Mas o advogado teria comprado a casa na qualidade de curador? Nesse ponto, o próprio Bernardino elucida:

Os menores, também, tinham de se retirar em companhia de sua mãe e irmão mais velho. Não convindo com interesses dos menores a conservação das partes da casa, atento o estado de ruína em que se achava e demandar grande dispêndio para ser reparada, requereu o testamenteiro para ser levada a hasta pública. O juiz de órfãos determinou que respondessem os interessados [...]. Me vindo a petição para dizer na qualidade de curador geral dos órfãos declarei-me impedido por ser copossuidor. O juiz de órfãos nomeou [como] curador o advogado [e] coronel Francisco de Paula Ramos Horta [...]. Ordenou o juízo se passasse edital escrito de praça. Correndo os pregões da lei e estilo, no dia da praça fui o único licitante que compareceu, lavrei e arrematei as partes pagando efetivamente seu imposto, obtendo a respectiva quitação. Fica demonstrado que não exerci o emprego de curador nesta questão e, portanto, nenhuma base tem a acusação que se me faz. (ibidem)

Esclarecida a questão da compra da casa de supostos órfãos, Vicente Bernardino passou a refutar a acusação de que era um funcionário de má conduta, posto que em função disto foi suspenso do cargo que exercia. De fato, o curador havia sido realmente suspenso, porém outra foi a causa da suspensão, como esclarece abaixo:

Quis o denunciante com a maior má fé inculcar que a suspensão teve por motivo procedimento irregular do respondente. O denunciante foi infeliz em trazer este fato ao conhecimento da autoridade superior porque [...] o respondente não foi suspenso por cometer crime [...] e para tal [...] era necessário que a portaria de suspensão contivesse o fato, isso depois de processado e pronunciado é que ficaria suspenso [...]. O denunciante ignorou perfeitamente estas causas. O respondente foi suspenso, em virtude do Aviso circular do ministro da Justiça de 27 de abril de 1855, que considerou irregular o provimento de ofícios de curador geral em municípios onde [os] ditos órfãos não foram criados por lei expressa. [...]. Em 1857 foi o respondente reintegrado em virtude do Aviso expedido pelo ministro da Justiça de 16 de março de referido ano. (ibidem)

É curioso observar que até o momento Bernardino não tocou na principal causa da acusação contra ele movida pelo capitão Francisco Machado, o adultério com a mulher deste. O processo contra Bernardino começou justamente por esse crime e, em seguida, foram apresentadas as demais acusações. Todavia, a defesa do advogado e curador de órfãos inverteu a lógica dos delitos imputados, principiando por esclarecer aqueles fatos que diziam respeito à sua vida pública, e não propriamente à sua vida particular. Nesse ponto, o crime de infidelidade conjugal assumiu um caráter secundário, no sentido mesmo de que para o curador realmente não houve crime dessa natureza, uma vez que:

O respondente não se rebaixa [e] [...] refuta essa história de sedução, sequestro e solicitação. Tem dignidade não entra em matéria desta ordem [...]. Também não entra na questão de incontinência que sendo um crime moral constituindo um pecado contra a castidade e no foro interno tem de ser punido ou perdoado. (ibidem)

Mas segundo o seu próprio tirocínio, o processo carece de algumas falhas, tais como: "não foram citados os artigos de lei, que foram violados pelo respondente; não foram exibidas as provas que levaram a convicção os delitos imputados [...]". Portanto, para o curador de órfãos, "a denúncia ficou plena e perfeitamente suplantada" (ibidem).

Contudo, convém fazer algumas indagações. Seria, realmente, Vicente de Paula Bernardino um homem, de acordo com o que foi alegado, incapaz de controlar seus impulsos perante a moral de seu tempo? Teria ele abandonado sua esposa, conforme denunciou o capitão Francisco Machado?

No que diz respeito ao primeiro questionamento, não podemos afirmar nada com precisão sobre o comportamento sexual e amoroso do advogado e curador de órfãos. Entretanto, sobre o segundo, pudemos constatar que Bernardino, apesar de ser casado, realmente não vivia com sua mulher.

Por qual motivo? Seu testamento esclarece esse fato:

> Declaro que a mais de vinte e cinco anos separei-me de minha mulher por não poder viver com uma mulher louca por geração, desmantelada e sem capacidade de reger, governar e zelar uma casa, como mãe de família, mas nunca deixei de a socorrer, posto que não merecesse de mim este benefício. (ACSM, códice 125, auto 2.632, 1º ofício)

Embora não possamos precisar com rigor se a esposa de Bernardino era evidentemente louca, seria, no entanto, o fato "por não poder viver com uma mulher louca por geração" um artifício utilizado pelo capitão Machado para alegar que o curador de órfãos abandonou sua mulher e filhos?

Em que pese essa consideração, Francisco Machado, no auto de perguntas feitas pelo juiz municipal, fez outra acusação contra Vicente Bernardino: este teria, ainda, deflorado e prostituído duas órfãs de nome Maria Rosa e Antônia Felícia (ACSM, códice 231, auto 5.780, 2º ofício, op. cit.).

Essa nova denúncia, com certeza, tinha por finalidade tornar insustentável a imagem pública de um homem que ocupava cargos públicos e era capitão da Guarda Nacional. E também vimos que o crime de adultério ficou relegado a segundo plano, passando as demais acusações a ter maior notoriedade. Com essas questões em mente, vejamos os depoimentos das testemunhas. A primeira, no final de fevereiro de 1866, teceu o seguinte relato:

> Respondeu que quanto aos fatos da denúncia sabe que a senhora do capitão Machado esteve em casa do denunciado e que saíra de lá de dia e que isto sabe por ouvir dizer. Quanto as compras de bens de órfãos que ele nada sabe, mas que sabe que o denunciado reside nessa casa [...] que se intitulam [de] órfãos. Perguntado se o denunciado é incontinente público e escandaloso, respondeu que não sabe. Perguntado se sabe o que vem a ser incontinência pública e escandalosa, respondeu que não sabe. E sendo-lhe explicado pelo juiz, respondeu que se era isso incontinência pública, que ele não sabia de nada, mas que sabe que a mulher do denunciante saíra da casa do denunciado em companhia do senhor doutor juiz e que isto é público e notório, que ele testemunha entende que a razão demonstra que a união entre os dois [era] senão para relações ilícitas, mas que não jura porque [não] viu. Perguntado se o denunciado procede com escândalo, respondeu que neste negócio ele testemunha ouviu dizer que procede. (ibidem)

Antes de comentarmos o depoimento acima transcrito, convém esclarecer que a testemunha, Vicente Ferreira de Andrade, era alferes da Guarda Nacional e, detalhe curioso, do mesmo batalhão ao qual Bernardino pertencia.[15] Outra curiosidade que merece destaque diz respeito ao fato de que o alferes era conhecido tanto do capitão Machado quanto do curador de órfãos, pois "aos costumes

---

15 Ver Tabela 29.

disse ser amigo das partes" (ACSM, códice 231, auto 5.780, 2º ofício, op. cit).

O depoimento do alferes chama a atenção pela indefinição quanto "aos fatos da denúncia". Ele, quando muito, "ouviu dizer" ou "não sabe". Interessante mencionar que a própria testemunha não sabia o que vinha a ser "incontinência pública", e ao saber o seu real significado fez conjecturas a respeito do adultério: "entende que a razão demonstra que a união entre os dois [era] senão para relações ilícitas". Contudo, em seguida, afirma "que não jura porque [não] viu" (ibidem).

Será que o alferes Andrade realmente não sabia dos fatos ou, talvez, por ser amigo de ambos os desafetos, e ainda mais por ser membro do oficialato da guarda – afinal, Bernardino e Machado também eram –, cautelosamente reservou-se o direito de não intervir no conflito entre os dois inimigos capitais?

A respeito dessa atitude, Franco (1997, p.55, grifo do autor) assevera:

> A violência, integrada à cultura no nível de regulamentação normativa da conduta, pode ser observada ainda na atitude de aceitação das situações antagônicas, como se fossem parte da ordem natural das coisas. Tanto que isto ocorre que *o comportamento dos espectadores de contentas é, na maior parte das vezes, no sentido de não interferir nelas.*

De fato, essa disposição "de não interferir" fica ainda mais evidente quando a testemunha foi inquirida sobre as órfãs Maria Rosa e Antônia Felícia:

> Respondeu que sabe que Antônia Felícia morava com ele, por tê-la visto na janela e quanto a Maria Rosa, ele nada sabe. Perguntado se sabe que estas mulheres eram órfãs no tempo em que estiveram com o denunciado, respondeu que sabe que Antônia não tinha pai e que Maria Rosa não tinha pai e nem mãe e que ignora as idades delas. (ACSM, códice 231, auto 5.780, 2º ofício, op. cit)

Mais uma vez o depoimento é evasivo, a julgar pelas expressões "nada sabe" e "ignora as idades delas". No entanto, a testemunha afirmou que Antônia Felícia morava com Bernardino, porém, fez este tipo de afirmação pelo simples fato de "tê-la visto na janela". De modo geral, os depoimentos das demais testemunhas seguem a mesma linha da primeira: respostas evasivas naquilo que diz respeito aos crimes imputados ao advogado e curador de órfãos. Contudo, a quinta testemunha, José Pedro Mariano da Cruz, se destaca, pois:

> [...] respondeu que *o próprio denunciado lhe disse que ia tirar a mulher do denunciante da casa deste* e que supõe que tirou, com efeito, porque ela não existe em casa do denunciante e que tem ouvido dizer que com ela vive teúda e manteúda. Perguntado se sabe que o denunciado advoga contra os seus curados, que compra bens de órfãos, tanto assim que a casa em que reside é de órfãos e foi por ele arrematada, respondeu que não sabe e que a casa em que ele reside, uns dizem que foi de órfãos e outros dizem que não. Perguntado se sabe que o denunciado é incontinente público e escandaloso, respondeu que não sabe. (ibidem, grifos do autor)

Podemos salientar que, ao contrário dos demais testemunhos, Mariano da Cruz afirmou que o próprio Bernardino lhe dissera que praticava o adultério com a mulher do capitão Machado, muito embora afirmasse que "tem ouvido dizer que com ela vive teúda e manteúda" (ibidem). De certo modo, o depoimento de José da Cruz é bastante intrigante. Afinal, é uma testemunha que confirma a existência da infidelidade conjugal entre o curador e a esposa de Francisco Machado. Todavia, o seu relato entra em contradição com o da sexta testemunha, Francisco José da Rosa, visto que, ao contrário daquele,

> [...] respondeu que *a mulher do denunciante disse que o denunciado a não seduziu e que ela saíra da companhia do denunciante pelos maus*

tratos que ele lhe dava e quanto a estar ela teúda e manteúda que ela testemunha não sabe por que ela mora na rua Direita e ele na Praia. Perguntado se o denunciado advoga quase todas as causas que se agitam no município de Mariana contra os seus curados, respondeu que não sabe e nunca ouviu dizer. Perguntado se o denunciado comprou bens de órfãos e se a casa em que reside foi pertencente a órfãos e por ele arrematada, respondeu que não sabe que ele tenha comprado bens de órfãos e que a casa em que reside foi pertencente a menores que tem pai e mãe vivos; que quando ele arrematou não era curador deles. Perguntado se sabia que o denunciado tinha tido duas órfãs em sua companhia, uma por nome Maria e outra por nome Antônia, respondeu que Maria e Antônia estiveram em casa do denunciado, mas que estas não eram órfãs [...]. Perguntado se o denunciado é incontinente público e escandaloso, respondeu que não era que ele testemunha vive em casa dele quase sempre e nunca presenciou atos escandalosos. (ibidem, grifo do autor)

O depoimento acima contradiz frontalmente o testemunho de Mariano da Cruz, pois afirma a inexistência de adultério, uma vez que "a mulher do denunciante disse que o denunciado a não seduziu e que ela saíra da companhia do denunciante pelos maus tratos que ele lhe dava". Ademais, Francisco Rosa rebateu todas as acusações feitas a Bernardino, no sentido de que "quando ele arrematou [a casa] não era curador deles [órfãos]", "Maria e Antônia estiveram em casa do denunciado, mas que estas não eram órfãs" e "nunca presenciou atos escandalosos" (ibidem).

Sendo assim, por que José Pedro disse que Bernardino cometeu adultério com a mulher de Almeida Machado? Quem respondeu a essa pergunta foi o próprio curador de órfãos, pois no seu interrogatório, em março de 1866, revelou:

[...] que apenas tem que opor contra o depoimento da testemunha José Pedro Mariano da Cruz, *que é inimigo dele interrogado* em razão de ter-se encarregado de defender a Manoel Joaquim do Carmo Chaves de uma ação injusta que aquele intentou contra este e ainda por ter sonegado do inventário que fez por morte da sua mulher [...]. Por estas razões mancomunou-se o denunciante com a testemunha e de comum acordo trabalharam [contra] ele interrogado [...].(ibidem, grifo do autor)

Pelo relato acima e a julgar pelos depoimentos depreende-se, por um lado, que se Mariano da Cruz e Francisco Machado eram inimigos de Vicente Bernardino "e de comum acordo trabalharam [contra]" ele, por outro, se deduz perfeitamente que Francisco José da Rosa era seu aliado e testemunhara a seu favor. Nesse aspecto, o processo chega a um impasse. Afinal, o advogado e curador de órfãos era mesmo adúltero e empregado público inescrupuloso? A despeito dessas questões, uma testemunha ofereceu um depoimento capital. Ela era ninguém menos que a própria mulher do capitão Almeida Machado, Maria Felisbina de São Vicente. Após os juramentos formais aos Santos Evangelhos de que falaria somente a verdade, ela disse:

Respondeu *que ela não foi seduzida pelo denunciado, que este nunca lhe disse graça alguma e que sempre a tratou com muito respeito* e que o motivo que ela testemunha teve para abandonar o seu marido foram as poucas vergonhas e de estar o mesmo amancebado com uma escrava dela testemunha, com a qual ele teve um filho e não dando nada que vestir, ela testemunha se via obrigada a trabalhar dia e noite para se vestir e a seus filhos [...]. Em vista destes procedimentos, assentou ela testemunha de o abandonar sem que fosse seduzida [...]. Perguntada o que tinha ido ela fazer a casa do capitão Vicente de Paula Bernardino no dia em que foi lá encontrada por ele juiz, respondeu que foi levar uma petição e juntamente aconselhar-se de que maneira haver receber um dinheiro que o marido cobrou em Santa Cruz. Perguntada se sabe que o denunciado arrematou bens de órfãos, respondeu que sabe que ele arrematou a casa em que mora e que não era pertencente a órfãos, [visto] que os donos tem pai e mãe vivos. Perguntada se sabe que o denunciado seduziu e morou com órfãos, respondeu que sabe que as pessoas que com ele morou não eram órfãos e que a Antônia já era prostituta. (ibidem, grifo do autor)

O depoimento de Maria de São Vicente é bastante revelador nos termos em que conduzimos a análise do processo contra Bernardino, por dois motivos: primeiro, porque ela própria afirmou que "não foi seduzida pelo denunciado, que este nunca lhe disse graça alguma e que sempre a tratou com muito respeito". O segundo motivo diz respeito à inversão de papéis entre o curador de órfãos e o capitão Machado. Aquele era tido como um incontinente sexual e um empregado de má conduta; este, que alegava ter a sua honra maculada, passou a ser um homem dado "as poucas vergonhas e de estar [...] amancebado com uma escrava dela testemunha, com a qual [...] teve um filho" (ibidem).

Entretanto, há um terceiro elemento digno de consideração: as órfãs Maria Rosa e Antônia Felícia. No seu depoimento, Maria Felisbina afirmou "que as pessoas que com ele morou não eram órfãos". Essa afirmação, por um lado, contradiz a acusação de que Bernardino teria deflorado e prostituído meninas órfãs, mas, por outro, confirma que as supostas órfãs moraram com ele e que, ao menos, Antônia "já era prostituta".

Nesse sentido, embora a própria mulher do capitão Machado testemunhasse que não tivesse consentido no crime de infidelidade conjugal com Vicente Bernardino, este, no entanto, na qualidade de homem público, capitão da Guarda Nacional, advogado e curador de órfãos, era um homem casado, embora separado de sua mulher e, além disso, havia morado com mulheres de vida duvidosa. Seria, portanto, Bernardino um incontinente público e escandaloso como fez crer Francisco Machado?

No que diz respeito à ex-mulher de Bernardino, encontramos nos autos do processo uma declaração do teor seguinte:

Atesto para constar aonde convir que o senhor capitão Vicente de Paula Bernardino *é casado e apesar de sua mulher não residir em sua companhia ministra-lhe todo o necessário*, o que é público e notório, não sendo exato que a mesma ande pedindo esmolas. O referido é verdade e o afirmo sob juramento de meu cargo. (ibidem, grifos do autor)

A declaração acima chamou-nos a atenção pelo fato de o declarante ser juiz de paz e, o mais importante, alferes-secretário do mesmo batalhão ao qual o capitão Bernardino pertencia, o 59º. Sendo assim, imagina-se ter existido uma rede de sociabilidade e solidariedade desfrutada pelo curador, da qual evidentemente valeu-se para reunir provas e simpatias contra as acusações feitas pelo capitão Machado.

Entretanto, para o juiz municipal responsável pelo processo, os fatores da vida particular de Vicente Bernardino foram indícios suficientes de imoderação pública e escandalosa. Desse modo, o advogado e curador foi condenado, em março de 1866, como incurso no artigo 166 do Código do Processo Criminal (ibidem).

É curioso observar o conteúdo do artigo citado:

O empregado público que for convencido de incontinência pública e escandalosa, ou de vícios de jogos proibidos, ou de embriagues repetida, ou de haver-se com inaptidão notória, ou desídia habitual no desempenho de suas funções. Penas: perda do emprego com inabilidade para obter outro, enquanto não se fizer constar a sua completa emenda. (CLIB, lei de 16 de dezembro de 1830, art. 166)

Pela leitura desse artigo, constatamos que o crime de adultério, pelo qual teve início o processo contra Bernardino, assumiu, mais uma vez, um caráter secundário. E seria justamente esse item o principal ponto da argumentação no recurso impetrado pelo capitão da Guarda Nacional, em abril do mesmo ano, no Tribunal da Relação do Rio de Janeiro:

Qual o crime do recorrente? A pronúncia não o diz; guarda invisível silêncio. E por quê? Onde já se viu pronunciar-se um cidadão em um artigo do código que contém diversas espécies de delitos e pronúncias sem se especificar o crime que cometeu? [...] Querer-se-á por acaso considerar incontinência pública o fato de a mulher do denunciante se dirigir a casa do recorrente para consultar a respeito de seus negócios? Há alguma lei que [impeça] as pessoas que podem ser admitidas e recebidas em casa de qualquer cidadão [mais ainda] de um advogado que é consultado por diferentes pessoas de ambos os sexos? Alguma testemunha viu o recorrente praticar ato de incontinência com a mulher do denunciante? [...] Foi o recorrente quem deu o espetáculo que se acha na consciência de todos? (ACSM, códice 231, auto 5.780, 2º ofício, op. cit.)

O trecho acima, além de evidenciar a perspicácia de um bacharel em direito, procura desqualificar a sentença pela qual Bernardino havia sido condenado. O argumento era de que se o curador cometeu crime de adultério, ele deveria ser sentenciado pela prática de tal crime, e não pelo de incontinência pública, como de fato foi condenado. Porém, não houve crime de infidelidade conjugal, daí o questionamento: "Onde já se viu pronunciar-se um cidadão em um artigo do código [...] sem se especificar o crime que cometeu? [...] Querer-se-á por acaso considerar incontinência pública o fato de a mulher do denunciante se dirigir à casa do recorrente para consultar a respeito de seus negócios"?

Seja por influência ou efeito direto desses argumentos, em que a sagacidade bacharelesca de Bernardino foi posta à prova, os juízes do Tribunal da Relação decidiram por um acórdão, pelo qual a sentença que condenou o advogado e capitão da Guarda Nacional foi revogada, como revela a passagem abaixo:

[...] porquanto se são inúmeros e reprovados os fatos de vida privada imputados ao recorrente, capitão Vicente de Paula Bernardino, sobre que se inquiriram as testemunhas e dão indícios de incontinência esta só por si não é criminosa e punível pelo artigo 166 do Código Criminal que para puni-lo exige as condições de publicidade e escândalo de que não há provas nem indícios nos autos, vendo-se pelo contrário deles que um e o principal dos fatos é regido pelas disposições muito especiais dos artigos 250 a 253 do mesmo Código e sem nenhuma aplicação para ele a do precitado artigo. Revogam, portanto, o despacho de pronúncia [...] e condenam ao cofre da respectiva municipalidade nas custas. (ibidem)[16]

Diante do caso reconstituído, convém fazer algumas considerações finais. Em nenhum momento foi apontada a causa da inimizade capital entre Vicente Bernardino e Francisco Machado. Seria essa inimizade fruto de algum caso que o primeiro teria advogado contra os interesses do segundo? Consideramos crível essa suposição, visto que foi justamente uma ação defendida por Bernardino que uma das testemunhas do processo depôs contra este. Porém, isso é apenas uma hipótese.

E ainda, seriam o prestígio social e o carisma desfrutados por Bernardino, um homem que advogava quase todas as causas no município de Mariana, como reconheceu o próprio capitão Machado, resultados da inveja que este nele projetava? Seria o motivo do processo, conforme um dos contos de Machado de Assis (1999, p.23), "inteiramente gratuita: nasceu da simples distinção"?

A despeito dessa questão, é válido salientar que se Vicente Bernardino trabalhava com um grande número de causas. Estas eram, de acordo com as acusações de Francisco Machado, contra seus curados. Assim sendo, independentemente do teor da acusação, aliás, ponto evasivo no depoimento das testemunhas, podemos afirmar que o capitão Bernardino, em função dos casos que defendia na municipalidade citada, devia desfrutar de imensa popularidade. Popularidade que, a nosso ver, Almeida Machado, por mais que não quisesse reconhecer, o fez implicitamente ao mover o processo contra o curador de órfãos.

Nesse ponto em particular, o conflito entre as partes, de acordo com Maria Sylvia de Carvalho Franco (1997, p.62), tendiam justa-

---

16 Os artigos 250 a 253 citados dizem respeito ao Capítulo III, Secção III, "Crime de Adultério", do Código do Processo Criminal. CLIB, lei de 16 de novembro de 1830.

mente a entrechocar as visões de pessoas que os contendores possuíam como homens, de certo modo, integrais. A autora esclarece:

Através dessa pura e direta apreensão de si mesmo como pessoa, vinda da irrealização de seus atributos humanos na criação de um mundo exterior, define-se o caráter irredutível das tensões geradas. A visão de si mesmo e do adversário como homens integrais impede que as desavenças sejam conduzidas para lutas parciais, mas faz com que tendam a transformar-se em lutas de extermínio.

Pelo visto, conforme foi observado em outro momento, o conflito entre o capitão Bernardino e o capitão Machado não resultou em morte, o que, por sinal, é um fato bastante curioso. Afinal, se o segundo alegou que o primeiro feriu a sua honra ao supostamente traí-lo com a sua mulher, por que a ofensa não foi lavada com sangue? Ademais, este era o desfecho comum nesses tipos de situações de conflito, ainda mais se levarmos em consideração que a necessidade constante de autoafirmação como pessoa prezava valores como a valentia e a bravura. Com efeito, a violência não era apenas legítima, ela se tornava uma necessidade quase que fundamental nas circunstâncias de confronto (ibidem, p.54).

De certo modo, cremos que o desfecho com sangue, muito provavelmente, poderia ter tido efeito inverso: matar o carismático advogado que, como foi alegado, defendia quase todas as causas do município de Mariana poderia acarretar uma forte comoção popular. Talvez, como forma de evitar uma situação mais adversa do que propriamente favorável, Almeida Machado intentou um processo por meio do qual "apresentou-se com um recheado de falsidades por estar capacitado de que com elas poderia vingar-se" do capitão e curador de órfãos (ACSM, códice 231, auto 5.780, 2º ofício, op. cit).[17]

Em que pesem essas considerações, ainda podemos indagar: Qual o destino de Vicente de Paula Bernardino depois do processo intentado pelo seu desafeto? Não há como precisar com rigor. Toda-

---

17 .???

via, em 1869, Bernardino foi inventariante, herdeiro e testamenteiro dos bens do tenente Antônio Raimundo de Souza Mendes. Este,
por não ter tido filhos, nomeou o capitão e curador de órfãos como
o seu legítimo herdeiro. Porém, o que chama a atenção é o fato de o
tenente Mendes pertencer ao mesmo batalhão da Guarda Nacional
de que Vicente Bernardino fazia parte (APM, SG113, caixa 263).
Fato esse que nos leva a crer que o capitão e advogado desfrutava de
grande popularidade, não obstante as inimizades que isso pudesse
produzir. No entanto, os bens deixados por Antônio Mendes não
foram suficientes para o pagamento das dívidas, motivo pelo qual
todos os seus pertences foram leiloados em praça pública (ACSM,
códice 41, auto 942, 1º ofício).

E como já apontado, igual destino tiveram os objetos de Bernardino. Por ocasião do seu falecimento em 1876, todos os seus bens
foram levados a leilão para o pagamento das dívidas, inclusive a
própria casa que, supostamente, teria comprado de órfãos e, ironi-
camente, em leilão.

***

Pelo exposto, o caso particular de Vicente de Paula Bernardino
desnuda do começo ao fim não apenas o carisma de um bacharel
em direito que advogava um grande número de ações no município
de Mariana, mas, principal e fundamentalmente, deixa entrever
as sensibilidades e paixões políticas presentes no cotidiano local.
Nesse aspecto em particular, consideramos crível que o caso reconstituído é deveras representativo, ou, quando muito, nos dá
indícios significativos de como eram as relações sociais, bem como
as tensões cotidianas que se travavam no âmbito da sociedade oitocentista mineira e, arriscamos dizer, da brasileira em geral.

De conformidade com o que vimos discutindo ao longo deste
estudo, o cotidiano local, assim como as relações entre os senhores
de terras e escravos com o Paço imperial, eram avassaladas não
apenas por tensões e contradições sociais, mas por um constante
processo de negociação e conciliação. Dessa feita, retomando o

processo-crime, tanto o capitão Bernardino quanto o capitão Machado – cada qual à sua maneira – fizeram uso de pactos e acordos tácitos no aliciamento de testemunhas, bem como de outras pessoas, no processo movido pelo segundo contra o primeiro. Isso, ao menos, ficou bastante claro quando analisamos o depoimento das testemunhas.

Apesar dessas considerações, o curador, como vimos, foi inicialmente acusado de ter cometido adultério com a mulher do capitão Francisco Machado. Todavia, o crime de infidelidade conjugal, pelo que podemos deduzir a partir da análise do processo, foi relegado a segundo plano, no sentido de que outros fatores entraram em cena. Um deles, a nosso ver essencial, diz respeito ao fato de que ambos os capitães eram "inimigos vivos".

O caso reconstituído evidencia, mais uma vez, a violência entranhada no meio social e, em especial, o conflito entre dois homens que, embora portadores da mesma patente, procuravam distinguir e salientar suas diferenças, disputando, evidentemente, posições de poder nas esferas sociais a que pertenciam. Nota-se, portanto, a proeminência que Bernardino desfrutava como curador de órfãos, advogado e capitão da Guarda Nacional. Uma proeminência que o seu desafeto procurou desqualificar mediante uma série de denúncias de ordem pessoal e moral.

Se considerarmos que um dos atributos do líder carismático é o de obter êxito em situações de crise que ameacem ou questionem a sua capacidade de comando, a julgar pelos depoimentos das testemunhas, inclusive da suposta mulher adúltera, podemos deduzir que o curador provou seu "dom" carismático. De fato, a revogação da sentença, aos olhos daqueles que presenciaram direta ou indiretamente os eventos do processo, muito provavelmente nutriram a convicção de que o bacharel em direito era um homem dotado de um êxito pessoal e, consequentemente, portador de qualidades consideradas como excepcionais em relação aos demais notáveis do local.

Em suma, se Vicente de Paula Bernardino não foi um típico oficial da corporação civil, conforme assinalamos, ao menos ele foi, tal como o Menocchio de Ginzburg (1987, p.12), um homem muito diferente de nós.

Desse modo, o capitão da Guarda Nacional configurou-se como um indivíduo singular no seu meio social e político. Singular por ser um cidadão ativo perante os demais não ativos e, principalmente, por ser oficial de uma corporação cujo quadro de oficiais congregava outros indivíduos igualmente singulares.

CONSIDERAÇÕES FINAIS

Em primeiro lugar, as conclusões deste estudo dizem respeito à província de Minas Gerais, de longe a mais populosa tanto em população livre como cativa de todo o Império, e à região compreendida pelo termo de Mariana, antigo centro minerador, mas igualmente numerosa e com uma grande concentração de escravos. Claro está, em segundo lugar, que algumas dessas conclusões podem, guardadas as devidas proporções, ser tomadas em consideração para outras regiões do Brasil imperial.

Com certeza, corremos o risco de fazer generalizações imprecisas ou, quando muito, excessivamente categóricas, mas, em todo caso, assumimos a responsabilidade por tal ousadia, sob pena de sermos devorados pela esfinge mitológica.

Por ora, resta destacar que ao longo dos capítulos deste trabalho analisamos o prestígio social auferido, na segunda metade do século XIX, pelos oficiais da Guarda Nacional do município e província citados. Sendo assim, focalizamos a milícia civil como um elemento de união entre os interesses dos dirigentes do Paço imperial e os proprietários rurais, uma vez que os primeiros pactuavam e cooptavam as simpatias dos segundos por meio de serviços prestados gratuitamente – salvo os casos previstos em lei – por oficiais e milicianos civis, em meio, é evidente, a um intenso processo de negociação, conflito e conciliação.

Ademais, não podemos nos esquecer que a reforma da milícia na província de Minas Gerais se fez acompanhar por uma série de dificuldades: extenso território, entraves burocráticos e interesses refratários dos próceres locais em fazer valer as determinações da lei de setembro de 1850. A esse respeito, cremos que esta última tenha sido a maior dificuldade que os presidentes e comandantes locais enfrentaram no afã de reorganizar a corporação ao longo dos ermos e distantes sertões da província mineira. As fontes consultadas, em especial os relatórios provinciais, atestam isso profusamente.

Entretanto, se houve municípios pelos quais os "trabalhos da reforma" não puderam ser efetivados satisfatoriamente, na localidade de Mariana, ao contrário, a reorganização da corporação foi concretizada sem maiores dificuldades, a julgar pela composição de suas companhias e batalhões. Porém, mais do que verificar em que medida e em que extensão a reforma foi levada ou não a cabo na província de Minas Gerais, em geral, e na região compreendida pelo município de Mariana, em particular, interessou-nos destacar os critérios pelos quais os oficiais da Guarda Nacional passaram a ser nomeados.

Dessa maneira, para uma sociedade, de certo modo, avessa a qualquer ordenamento racional legal e que tendia a confundir os proventos públicos com os privados, pudemos verificar que os oficiais da milícia eram escolhidos entre aqueles que possuíam não apenas cabedais, mas que demonstravam ter qualidades excepcionais, porquanto a força do seu carisma convencia e persuadia a comunidade local e seus subordinados como excelsos líderes portadores de liderança e comando.

Nesse sentido, o oficial nomeado como comandante da Guarda Nacional configurava-se, a nosso ver, como um líder carismático capaz de provar, a todo instante, a sua liderança, sobretudo nas situações de crise. Na verdade, seria justamente por meio das ocasiões de conflito que o oficial deveria provar a sua autoridade e, consequentemente, a posse de qualidades carismáticas, sob pena de descrédito por parte dos seus subordinados.

De certa forma, o êxito no controle de situações imprevisíveis fundamentava o caráter excepcional do oficial da Guarda Nacional, mormente quando este convencia seus pares de que não era um líder qualquer, mas um comandante que encarnava o espírito vivo da companhia ou batalhão. Sendo assim, os "sacrifícios" feitos pelo coronel-comandante superior da Guarda Nacional de Mariana durante a rebelião de 1842 podem ser tomados, com as devidas proporções, como exemplos dessa assertiva.

Paralelamente ao caso citado, podemos mencionar o processo-crime reconstituído no último capítulo. Cremos que o oficial acusado de suposto crime de adultério possuía prestígio acima do comum das demais pessoas, ou seja, de alguma forma excepcional, não apenas por conseguir levantar dúvidas sobre a acusação e revogar a sentença pela qual fora condenado, mas, como deixa entrever o próprio processo, por exercer cargos de advogado e de curador de órfãos que lhe rendiam um grande número de causas no município marianense. Desse modo, julgamos que a proeminência e o prestígio social desfrutados pelo oficial em foco perante a sociedade local, muito provavelmente, possam ter sido os principais motivos pelos quais seu ferrenho inimigo intentou contra ele um processo por crime de infidelidade conjugal.

Em que pesem as causas do processo-crime, convém destacar, no entanto, o conflito particular entre dois homens, por sinal portadores da mesma patente de capitão. Nos termos em que conduzimos a análise sobre o líder carismático, arriscamos afirmar que ambos procuravam distinguir-se um do outro, não apenas sob o aspecto de pessoas, mas acima de tudo como líderes cuja força individual deveria, nos momentos de encontro, confirmá-los como indivíduos superiores e soberanos.

Isto em meio a uma sociedade assentada na escravidão e em valores pelos quais a bravura e a valentia deviam ser constantemente autoafirmadas como meios e formas de preservar a moral e a honra dos homens, em particular a dos homens livres, cidadãos por excelência, e ao mesmo tempo súditos de um império sul-americano, com os pés na América e os olhos voltados para a Europa.

Mas ainda assim, um império.

Um império de senhores e escravos, de burocratas do Paço imperial e demais instâncias administrativas do Estado, de um exército cujo recrutamento era permeado de constantes tensões e, claro, de uma Guarda Nacional cujos corpos e batalhões eram liderados por oficiais tidos como carismáticos e portadores naturais de liderança e comando, conforme esperamos tê-lo demonstrado satisfatoriamente ao longo deste trabalho.

REFERÊNCIAS

Fontes manuscritas

Arquivo da Casa Setecentista de Mariana (*ACSM*)

Inventários *post mortem* do 1º Ofício

Inventariado	Inventariante	Ano	Códice	Auto
Antônio Coelho Linhares	Ana Clara Linhares	1881	53	1.193
Antônio de Paulo Pinto	Ana Gomes da Cunha	1859	147	3.090
Antônio Gonçalves Mol	Ana Leonarda da Conceição	1883	9	348
Antônio Jorge Moutinho de Morais	Feliciano Maria de Morais	1868	54	1.205
Antônio José de Carvalho	Maria do Carmo Ferreira	1874	47	1.082
Antônio Raimundo de Souza Mendes	Vicente de Paula Bernardino	1869	41	942
Antônio Tomás Pereira	Josefa Maria de Jesus	1867	62	1.353
Cândido Justiniano Gomes	Antônia Ernestina Gomes	1884	142	2.960
David da Silva Pereira Coelho	Maria Leopoldina do Carmo	1858	104	2.167
Elias Augusto do Carmo	Ludovina do Amor Divino	1881	119	2.489
Felício Pereira de Almeida	Ana Zacarias Ferreira	1864	10	373
Maria Miquelina Dias Bicalho	Francisco de Paula Dias Bicalho	1857	59	1.303
Francisco José da Fraga	Vicente José da Fraga	1869	152	3.187
Francisco José Pereira Bastos	Bárbara Inácia da Encarnação	1865	10	364
João Batista Alves Torres	Ana Carolina de Jesus	1874	81	1.720

Continua

Inventários *post mortem* do 1º Ofício – *Continuação*

Inventariado	Inventariante	Ano	Códice	Auto
Joaquim Antônio Sobreira	Efigênia Maria de Jesus	1869	81	1.722
Joaquim Maximiano Gomes	Mariana Angélica da Silva Pontes	1873	66	1.415
José Custódio Pereira Brandão	Rosalina Guilhermina do Rego Brandão	1877	99	2.073
José Mendes de Magalhães	José Mendes de Magalhães	1877	58	1.260
José Pereira Bastos	Antônia da Assunção e Silva	1874	131	2.741
Manoel Gomes Pereira	Ana Clara de Santa Rosa	1871	22	588
Mariano Rodrigues Lopes	Germana Ferreira de Aguiar	1870	116	2.411
Miguel Lourenço Dias	Maria Severina Rosa de Oliveira	1860	59	1.304
Pedro de Alcântara Costa	Delfino Francisco da Costa	1864	145	3.049
Sebastião Martins Guimarães	Eulina de Oliveira Guimarães	1883	128	2.679
Vicente de Paula Bernardino	Francisca Maria de Jesus	1876	125	2.632

Inventários *post mortem* do 2º Ofício

Inventariado	Inventariante	Ano	Códice	Auto
Caetano Camilo Gomes de Oliveira	Antônia Augusta de Queiroz	1881	124	2.500
Domiciano José da Silva	Joaquina Maria das Neves	1870	83	1.773
Donato Gonçalves Martins	Rita Lopes	1880	83	1.775
Gomes Freire de Andrade	Baronesa de Itabira	1856	118	2.363
João Martins de Carvalho	Maria Amália Pinto de Carvalho	1873	110	2.249
João Paulo da Silva Costa	Rita Soares da Silva Costa	1866	40	926
José Caetano Gomes	José Caetano Gomes	1857	52	1.184
José Francisco da Silva	Francisca Maria de Jesus	1869	51	1.155
José Moreira da Silva	Luiza Maria da Conceição	1854	53	1.194
Maria do Carmo Gomes Starling	Manoel de Lana Starling	1884	103	2.162
Manoel Gonçalves Mol	Maria das Neves Mol	1886	109	2.237
Modesto Soares de Azevedo	Maria Gomes de Nazaré	1877	96	2.050
Rafael Augusto de Azevedo	José Pacífico de Azevedo	1862	64	1.429
Sebastião Martins Guimarães	Eulina de Oliveira Guimarães	1884	103	2.159
Sebastião Rodrigues Gomes	Caetano Gomes	1859	79	1.702
Vicente Ferreira de Andrade	Rosalina Maria das Neves	1874	62	1.374

Processo-Crime do 2º Ofício

Nome	Delito	Ano	Códice	Auto
Vicente de Paula Bernardino	Adultério	1864	231	5.780

Arquivo Público Mineiro (APM)

Guarda Nacional

Seção Provincial, Presidência da Província, série 1, subsérie 16, caixas 46, 9/6/1845;48, 22/9/1834; 49, 20/4/1835; 54, 26/6/1843; 56, 5/6/1847, 17/12/1849, 15/2/1850, 5/3/1850, 30/11/1851, 30/12/1851, 23/2/1852, 18/10/1853; 167, 14/2/1856.
Seção Provincial, caixas 411; 433; 336.
Secretaria do Governo, série 1, subsérie 13, caixas 227;238;263;262.

Fontes Impressas

Arquivo Público Mineiro (APM)

Relatórios dos Presidentes da Província de Minas Gerais

Carlos Carneiro de Campos, 1858 e 1859;
Domingos de Andrade Figueira, 1869;
Elias Pinto de Carvalho, 1867;
Francisco Diogo Pereira de Vasconcelos, 1855;
Herculano Ferreira Pena, 1857;
João Antônio de Araújo Freitas Henriques, 1875;
João Crispiniano Soares, 1863 e 1864;
Joaquim Camilo Teixeira da Mota, 1862;
Joaquim Delfino Ribeiro da Luz, 1857 e 1859;
Joaquim José de Sant'Anna, 1866;
Joaquim Saldanha Marinho, 1867;
José Bento da Cunha Figueiredo, 1862;
José da Costa Machado de Souza, 1868;
José Lopes da Silva Viana, 1852, 1853 e 1854;
José Maria Corrêa de Sá e Benevides, 1869 e 1870;
José Ricardo de Sá Rego, 1851 e 1852;
Luiz Antônio Barbosa, 1852;

Manoel Antônio Pacheco (barão de Sabará), 1850;
Pedro de Alcântara Cerqueira Leite, 1865;
Venâncio José de Oliveira Lisboa, 1873;
Vicente Pires da Mota, 1860.

Coleção das Leis do Império do Brasil

Lei de 16 de dezembro de 1830;
Lei de 18 de agosto de 1831;
Decreto de 25 de outubro de 1832;
Lei n. 602 de 19 de setembro de 1850;
Decreto n. 722, de 25 de outubro de 1850;
Decreto n. 812, de 14 de agosto de 1851;
Decreto n. 1.020, de 16 de julho de 1852;
Decreto n. 1.354, de 6 de abril de 1854;
Decreto n. 3.371, de 7 de janeiro de 1865;
Decreto n. 3.381, de 21 de janeiro de 1865;
Decreto n. 3.382, de 21 de janeiro de 1865;
Decreto n. 3.383, de 21 de janeiro de 1865.

Coleção de Leis da Assembleia Legislativa da Província de Minas Gerais

Decreto de 14 de julho de 1834;
Lei de 16 de março de 1840;
Lei n. 367, de 30 de setembro de 1848.

Fontes eletrônicas

Rede Mundial de Computadores

Biografia de Gomes Freire de Andrade. Disponível em: <http://www. genealogiafreire.com.br/b_gomes_freire_de_andrade.htm>. Acesso em: 30 jun. 2008.

Fala dirigida à Assembleia Legislativa Provincial de Minas Gerais na abertura da sessão ordinária do ano de 1844 pelo presidente da província, Francisco José de Souza Soares de Andréa. Rio de Janeiro, Typ. Imp. e

Const. de J. Villeneuve e Comp., 1844. Disponível em: <http://brazil. crl.edu/bsd/bsd/448/000023.html> e <http://brazil.crl.edu/bsd/ bsd/448/000024.html>. Acesso em: 25 jun. 2007.

Fala dirigida à Assembleia Legislativa Provincial de Minas Gerais na abertura da sessão ordinária do ano de 1837 pelo presidente da província, Antônio da Costa Pinto. Disponível em: <http://brazil.crl. edu/bsd/bsd/440/000049.html>. Acesso em: 1 out. 2007.

Bibliografia

ALMEIDA, A. J. de. *Uniformes da Guarda Nacional (1831-1852):* a indumentária na organização e funcionamento de uma associação armada. São Paulo, 1998. Dissertação (Mestrado em História) – Universidade de São Paulo.

ALMEIDA, C. M. C. de. *Alterações nas Unidades Produtivas Mineiras:* Mariana – 1750-1850. Niterói, 1994. Dissertação (Mestrado em História) – Universidade Federal Fluminense.

_____. Dinâmica Produtiva em Minas Gerais: o sistema econômico em funcionamento no termo de Mariana (1750-1850). *Revista Eletrônica de História do Brasil,* Juiz de Fora, v.6, n.2, jul.-dez., 2004. Disponível em: <http://www.rehb.ufjf.br/>. Acesso em: 14/11/2007.

ANDRADE, F. E. de. *A enxada complexa:* roceiros e fazendeiros em Minas Gerais na primeira metade do século XIX. Belo Horizonte, 1994. Dissertação (Mestrado em História) – Universidade Federal de Minas Gerais.

ANDRADE, M. J. de S. *A mão-de-obra escrava em Salvador, 1811-1860.* São Paulo; Brasília: Corrupio; CNPq, 1988.

ANSART, P. *La Gestion dês Passions Politiques.* Lausanni: L'Age D'Homme, 1983.

ASSIS, M. de. *Memórias póstumas de Brás Cubas.* Porto Alegre: L&PM Pocket, 1997.

_____. *Contos escolhidos.* São Paulo: O Estado de S. Paulo/Klick, 1999.

BALANDIER, G. *O poder em cena.* Brasília: UnB, 1982.

BERGARD. L. W. *Escravidão e história econômica:* demografia de Minas Gerais, 1720-1888. Bauru: Edusc, 2004.

BERLIN, I. *Quatro ensaios sobre a liberdade.* Brasília: UnB, 1981.

BONSEMBIANTE, M. M. *Barão de Camargos:* a razão clientelista em Minas Gerais, 1840-1853. Franca, 2006. Dissertação (Mestrado em História) – Universidade Estadual Paulista.

BOURDIEU, P. *O poder simbólico*. Lisboa: Difel, 1989.

BUENO, J. P. Direito Público e análise da Constituição do Império. In: MATTOS, I. R. de. *O tempo Saquarema*: a formação do Estado imperial. 4. ed. Rio de Janeiro: Access, 1999.

CARVALHO, J. M. de. Mandonismo, coronelismo e clientelismo: uma discussão conceitual. *Dados: Revista de Ciências Sociais*, Rio de Janeiro, v.40, n.2, 1997.

_____. *A construção da ordem*: a elite política imperial/ *Teatro de sombras*: a política imperial. Rio de Janeiro: Civilização Brasileira, 2003.

_____ (Org.). *Nação e cidadania no Império*: novos horizontes. Rio de Janeiro: Civilização Brasileira, 2007.

CASTRO, J. B. de. *A milícia cidadã*: a Guarda Nacional de 1831 a 1850. Prefácio de Sérgio Buarque de Holanda. São Paulo; Brasília: Companhia Editora Nacional; INL, 1977.

CASTRO, P. P. de. A experiência republicana. In: HOLANDA, S. B. de. *História geral da civilização brasileira*. São Paulo: Difel, t. 2, v.2, 1964.

CHIAVENATTO, J. J. *Genocídio americano*: a Guerra do Paraguai. 24. ed. São Paulo: Brasiliense, 1990.

COSTA, W. P. *A espada de Dâmocles*: o exército, a Guerra do Paraguai e a crise do Império. São Paulo; Campinas: Hucitec; Editora Unicamp, 1996.

CUNHA, A. M. Espaço, paisagem e população: dinâmicas espaciais e movimentos da população na leitura das vilas do ouro em Minas Gerais no século XIX. *Revista Brasileira de História*, São Paulo, Anpuh, v.27, n.53, jan.-jun., 2007.

DIAS, M. O. L. da S. Sociabilidades sem História: votantes pobres no Império, 1824-1881. In: FREITAS, M. C. de (Org.). *Historiografia brasileira em perspectiva*. São Paulo: Contexto, 1998.

DICIONÁRIO DE CIÊNCIAS SOCIAIS. Rio de Janeiro: Fundação Getúlio Vargas, 1986.

DOLHNIKOFF, M. *O pacto imperial*: origens do federalismo no Brasil. São Paulo: Globo, 2005.

DORATIOTTO, F. *Maldita guerra*: nova história da Guerra do Paraguai. São Paulo: Companhia das Letras, 2002.

ELIAS, N. *A sociedade de corte*: investigação sobre a sociologia da realeza e da aristocracia de corte. Rio de Janeiro: Jorge Zahar, 2001.

FAORO, R. *Os donos do poder*: a formação do patronato político brasileiro. 5.ed. Porto Alegre: Globo, 1979.

FARIA, M. A. *A Guarda Nacional em Minas, 1831-1873*. Curitiba, 1977. Dissertação (Mestrado em História) – Universidade Federal do Paraná.

FARIA, S. de C. *A colônia em movimento*. Rio de Janeiro: Nova Fronteira, 1998.

FERREIRA, G. N. *Centralização e descentralização no Império*: o debate entre Tavares Bastos e visconde de Uruguai. São Paulo: Departamento de Ciência Política da Universidade de São Paulo; 34, 1999.

FERTIG, A. *Clientelismo político em tempos belicosos*: a Guarda Nacional da província do Rio Grande do Sul na defesa do Império do Brasil (1850-1873). Santa Maria: UFSM, 2010.

FLORY, T. *El Juez de Paz y el Jurado en el Brasil Imperial*: control social y estabilidad política en el nuevo Estado. México: Fondo de Cultura Económica, 1986.

FRAGOSO, J. L. R.; PITZER, R. R. Barões, homens livres pobres e escravos: notas sobre uma fonte múltipla – inventários *post mortem*. *Revista Arrabaldes*, Petrópolis, ano I, n.2, set.-dez. 1988, p.29-52.

FRANCO, M. S. de C. *Homens livres na ordem escravocrata*. São Paulo: Unesp, 1997.

FREYRE, G. *Sobrados e mucambos*: decadência do patriarcado rural e desenvolvimento do urbano. 13. ed. Rio de Janeiro: Record, 2002.

FURTADO, C. *Formação econômica do Brasil*. 15. ed. São Paulo: Companhia Editora Nacional, 1977.

GANDELMAN, L. "As mercês são cadeias que se não rompem": liberalidade e caridade nas relações de poder do Antigo Regime português. In: SOIHET, R.; BICALHO, M. F. B.; GOUVÊA, M. de F. S. (Orgs.). *Culturas políticas*: ensaios de história cultural, história política e ensino de história. Rio de Janeiro: Mauad, 2005.

GARDNER, G. *Viagem ao interior do Brasil*. Belo Horizonte: Itatiaia; São Paulo: USP, 1975.

GINZBURG, C. *O queijo e os vermes*: o cotidiano e as ideias de um moleiro perseguido pela Inquisição. São Paulo: Companhia das Letras, 1987.

GIRARDET, R. *Mitos e mitologias políticas*. São Paulo: Companhia das Letras, 1987.

GONÇALVES, A. L. *Estratificação social e mobilizações políticas no processo de formação do Estado nacional brasileiro*: Minas Gerais, 1831-1835. São Paulo: Hucitec, 2008.

GRAHAM, R. *Clientelismo e política no Brasil do século XIX*. Rio de Janeiro: UFRJ, 1997.

GRANZIERA, R. G. *A Guerra do Paraguai e o capitalismo no Brasil*: moeda e vida urbana na economia brasileira. São Paulo: Hucitec; Campinas: Unicamp, 1979.

GUIMARÃES, A. V. *A Guerra do Paraguai*: suas causas (1823-1864). Campo Grande: UCDB, 2001.

HOLANDA, S. B. de. *Raízes do Brasil*. 26.ed. São Paulo: Companhia das Letras, 1995.

IGLÉSIAS, F. Minas Gerais. In: HOLANDA, S. B. de. (Org.). *História geral da civilização brasileira*. São Paulo: Difel, t. 2, v.2, 1964.

_____. *Política econômica do Governo Provincial Mineiro*. Rio de Janeiro: Instituto Nacional do Livro, 1958.

LENHARO, A. *As tropas da moderação*: o abastecimento da Corte na formação política do Brasil, 1808-1842. 2. ed. Rio de Janeiro: Secretaria Municipal de Cultura, Turismo e Esportes, Departamento Geral de Documentação e Informação Cultural, Divisão de Editoração, 1993.

LEWKOWICZ, I. *Vida em família*: caminhos da igualdade em Minas Gerais (séculos XVIII e XIX). São Paulo, 1992. Tese (Doutorado em História) – Universidade de São Paulo.

LIBBY, D. C. *Transformação e trabalho em uma economia escravista*: Minas Gerais no século XIX. São Paulo: Brasiliense, 1988.

LIMA JÚNIOR, A de. *Mariana*. Belo Horizonte: Edição do autor, 1966.

LIMA, I. S. *Cores, marcas e falas*: sentidos da mestiçagem no Império do Brasil. Rio de Janeiro: Arquivo Nacional, 2003.

MADUREIRA, A. de S. *Guerra do Paraguai*. Brasília: UnB, 1982.

MAGALHÃES, S. M. de. *A mesa de Mariana*: produção e consumo de alimentos em Minas Gerais (1750-1850). São Paulo: Annablume/ Fapesp, 2004.

MAIA, R. A. *Jogo de compadres:* a política partidária na província de Minas Gerais. Belo Horizonte, 1991. Dissertação (Mestrado em Ciência Política) – Universidade Federal de Minas Gerais.

MALHEIRO, P. *A escravidão no Brasil*: ensaio histórico, jurídico e social. 3.ed. Petrópolis: Vozes; Brasília: INL, 1976.

MARINHO, J. A. *História do movimento político de 1842*. Belo Horizonte; São Paulo: Itatiaia; USP, 1977.

MARQUES, M. E. C. M. (Org.). *A Guerra do Paraguai*: 130 anos depois. Rio de Janeiro: Relume Dumará, 1995.

MARSON, I. A. *O império do progresso*: a Revolução Praieira em Pernambuco (1842-1855). São Paulo: Brasiliense, 1987.

_____. "Poupar os submissos e debelar os soberbos": humilhar para "conciliar". In: MARSON, I.; NAXARA, M. (Orgs.). *Sobre a humilhação*: sentimentos, gestos, palavras. Uberlândia: Edufu, 2005.

MARTINS, J. de S. *O cativeiro da Terra*. São Paulo: Ciências Humanas, 1979.

_____. A sociabilidade do homem simples: cotidiano e história na sociedade anômala. 2.ed. São Paulo: Contexto, 2008.

MARTINS, R. B. Minas e o tráfico de escravos no século XIX, outra vez. In: SZMRECSÁNYI, T.; LAPA, J. R. do A. (Orgs.). História econômica da Independência e do Império. 2.ed. São Paulo: Hucitec; USP; Imprensa Oficial, 2002. p.99-130

MATTA, R. da. Carnavais, malandros e heróis: para uma sociologia do dilema brasileiro. 6.ed. Rio de Janeiro: Rocco, 1997.

MATTOS, H. Das cores do silêncio: os significados da liberdade no Sudeste do Brasil escravista, Brasil século XIX. Rio de Janeiro: Nova Fronteira, 1998.

MATTOS, I. R. de. O tempo Saquarema: a formação do Estado imperial. 4.ed. Rio de Janeiro: Access, 1999.

MAUSS, M. Sociologia e Antropologia. São Paulo: USP, 1974.

MENDES, F. F. O tributo de sangue: recrutamento militar e construção do Estado no Brasil Imperial. Rio de Janeiro, 1997. Tese (Doutorado em Ciência Política) – Instituto Universitário de Pesquisas do Rio de Janeiro.

MENDONÇA, J. M. N. Entre a mão e os anéis: a Lei dos Sexagenários e os caminhos da abolição no Brasil. Campinas: Unicamp, 1999.

MOTTA, J. F. Corpos escravos, vontades livres: posse de cativos e família escrava em Bananal (1801-1829). São Paulo: Annablume/Fapesp, 1999.

NAXARA, M. R. C. Cientificismo e sensibilidade romântica: em busca de um sentido explicativo para o Brasil no século XIX. Brasília: UnB, 2004.

PAIVA, C. de A. População e economia nas Minas Gerais do século XIX. São Paulo, 1996. Tese (Doutorado em História) – Universidade de São Paulo.

PAIVA, C. de A.; GODOY, M. M. Engenhos e casas de negócio na Minas Oitocentista. In: 20 anos do Seminário sobre a Economia Mineira – 1982-2002: coletânea de trabalhos, 1982-2000. Belo Horizonte: UFMG; Face; Cedeplar, v.2, 2002, p.134-49.

PENA, M. O noviço; e mais, O juiz de paz na roça; O Judas em sábado de aleluia; Os irmãos das almas. 14.ed. Rio de Janeiro: Ediouro, 1995.

PINTO, F. E. A Guarda Nacional e o perfil dos homens matriculados no termo de São João del-Rei, 1850-1873. Belo Horizonte, 2003. Dissertação (Mestrado em História) – Universidade Federal de Minas Gerais.

RIBEIRO, J. I. Quando o serviço os chamava: os milicianos e os guardas nacionais gaúchos (1825-1845). Santa Maria: UFSM, 2005.

ROSA, J. G. Grande Sertão: veredas. 30. ed. Rio de Janeiro: Nova Fronteira, 1986.

SAINT-HILAIRE, A. *Viagem pelas províncias do Rio de Janeiro e Minas Gerais*. São Paulo: Companhia Editora Nacional, 1938.

SALDANHA, F. H. D. *Os oficiais do povo*: a Guarda Nacional em Minas Gerais oitocentista, 1831-1850. São Paulo: Annablume; Fapesp, 2006.

SALLES, R. *Guerra do Paraguai*: escravidão e cidadania na formação do Exército. Rio de Janeiro: Paz e Terra, 1990.

SILVA, L. O. *Terras devolutas e latifúndio*: efeitos da lei de 1850. Campinas: Unicamp, 1996.

SIMONSEN, R. C. *História econômica do Brasil (1500-1820)*. 7. ed. São Paulo; Brasília: Companhia Editora Nacional; INL, 1977.

SLENES, R. W. Os múltiplos de porcos e diamantes: a economia escrava de Minas Gerais no século XIX. *Estudos Econômicos*. São Paulo, v.18, n.3, p.449-95, set.-dez. 1988.

_____. *Na senzala, uma flor*: esperança e recordações na formação da família escrava, Brasil século XIX. Rio de Janeiro: Nova Fronteira, 1999.

SOUZA, I. L. C. *Pátria coroada*: o Brasil como corpo político autônomo, 1780-1831. São Paulo: Unesp, 1999.

SOUZA, J. P. de. *Escravidão ou morte*: os escravos brasileiros na Guerra do Paraguai. Rio de Janeiro: Mauad; Adesa, 1996.

TAUNAY, A. d'E. *A retirada da Laguna*: episódio da Guerra do Paraguai. São Paulo: Companhia das Letras, 1997.

THOMPSON, E. P. *Costumes em comum*: estudos sobre a cultura popular tradicional. São Paulo: Companhia das Letras, 1998.

URICOECHEA, F. *O Minotauro imperial*: a burocratização do Estado patrimonial brasileiro no século XIX. Rio de Janeiro; São Paulo: Difel, 1978.

VAS, B. B. *Guerra do Paraguai*: uma reflexão sobre a estrutura logística do Exército brasileiro de 1864 a 1870. Franca, 2000. Dissertação (Mestrado em História) – Universidade Estadual Paulista.

VASCONCELOS, D. de. *História antiga de Minas Gerais*. Belo Horizonte: Itatiaia, vs. 1 e 2, 1974.

VELLASCO, I. de A. Policiais, pedestres e inspetores de quarteirão: algumas questões sobre as vicissitudes do policiamento na província de Minas Gerais (1831-1850). In: CARVALHO, J. M. de (Org.). *Nação e cidadania no Império*: novos horizontes. Rio de Janeiro: Civilização Brasileira, 2007.

WEBER, M. *Ensaios de Sociologia*. 5. ed. Rio de Janeiro: Guanabara Koogan, 1982.

_____. *Ciência e política*: duas vocações. 12. ed. São Paulo: Cultrix, 2004.

SOBRE O LIVRO

Formato: 14 x 21 cm
Mancha: 23,7 x 42,5 paicas
Tipologia: Horley Old Style 10,5/14
Papel: Off-set 75 g/m² (miolo)
Cartão Supremo 250 g/m² (capa)
1ª edição: 2013

EQUIPE DE REALIZAÇÃO

Coordenação Geral
Marcos Keith Takahashi

Impressão e Acabamento:

psi7

Printing Solutions & Internet 7 S.A